Flujos de mercancías en el almacén

Procesos internos y de entrada y salida

Sergi Flamarique

Con la colaboración de:

www.logisnet.com

Índice

El autor

Sergi Flamarique es un profesional con más de veinticinco años de experiencia gestión de operaciones, logística y cadena de suministro, tanto a nivel directivo como consultor. Está especializado en la implantación de estrategias y soluciones logísticas y operacionales en pymes, grandes empresas, y en sectores como la alimentación, la distribución, los servicios, las artes gráficas o el metalúrgico. En su formación académica, destaca el Máster en Logística Integral y Supply Chain Management cursado en la Fundación ICIL, el Máster ejecutivo en Dirección de Operaciones en EADA, el Curso superior en Administración y Dirección de Empresas en la Universidad Les Heures y el Máster de Coaching Social para la motivación y los procesos del cambio en Divulgación Dinámica y Formación. Asimismo, ejerce de formador en logística y cadena de suministro en instituciones públicas y privadas, y en empresas. Ha impartido cursos para obtener certificados de profesionalidad de nivel 1 y 3 y es autor de las obras *Gestión de operaciones de almacenaje* (2017) y *Flujos de mercancías en el almacén* (2018), ambas publicadas por Marge Books.

 www.igrescat.com

s.flamarique@igrescat.com

Introducción

Esta obra muestra las operaciones que se llevan a cabo en los almacenes, incluyendo la entrada, la ubicación, la desubicación, la preparación de pedidos, la expedición y la salida. Su objetivo es afianzar conceptos básicos sobre la gestión y la coordinación de las actividades relacionadas con estas operaciones. Abarca las gestiones de almacenamiento y existencias, así como las diferentes tipologías de almacenes y sus características técnicas, según las necesidades de la empresa y de la mercancía.

Se explica de manera sencilla cómo organizar diariamente las operaciones y los flujos de mercancías del almacén garantizando la calidad del servicio al cliente, ya sea interno o externo. Se enseña a gestionar la coordinación de las entradas, las salidas y las ubicaciones diarias de mercancías, y a optimizar los flujos correspondientes. Estandarizando procesos se pueden mejorar la eficiencia y la eficacia de los recursos humanos y técnicos. También se tiene en cuenta el control de las existencias y los inventarios, identificando desviaciones y proponiendo medidas correctoras.

Asimismo se muestra cómo la gestión por procesos, la calidad y la mejora continua pueden proporcionar un mejor servicio interno y externo. Las tecnologías de la información y la comunicación (TIC) facilitan la gestión y las tareas, y ayudan a conseguir una mayor productividad y eficiencia, a mejorar el servicio y a reducir costos.

Las herramientas técnicas y sistemáticas que se exponen son aplicables a cualquier tipología de empresa, ya sea pequeña, mediana o grande. Todo dependerá del sentido común, la adaptabilidad de las personas y las necesidades de las empresas. Hay que ser consciente de que no hay ninguna empresa igual y que cada una posee unas características especiales y diferentes al resto.

Este libro presenta dos vertientes, una formativa y otra divulgativa. En primer lugar, su contenido forma parte del **certificado de profesionalidad de nivel 3, COML0309 «Organización y gestión de almacenes»,** que tiene como competencia general: «Organizar y controlar las operaciones y flujos de mercancías del almacén de acuerdo con los procedimientos y normativa vigente y asegurando la calidad y optimización de la red de almacenes o cadena logística». Va dirigida al personal técnico especializado en gestión de existencias y almacén, así como en logística de almacenes, al personal de almacenamiento, recepción y expedición, a los responsables de almacén, recepción o expedición de mercancías, y al personal administrativo de logística. En concreto, el módulo MF1015_2 «Gestión de las operaciones de almacenaje», que forma parte de la unidad de competencia UC1015_2 «Gestionar y coordinar las operaciones del almacén», está constituido por las siguientes unidades formativas: UF0929 Gestión de pedidos y *stocks*, y UF0928 Seguridad y prevención de riesgos en el almacén. Se trata de una unidad transversal incluida en la obra «Organización de almacenes» módulo MF1014_3. Junto a los módulos MF1014_3 «Organización de almacenes» y MF1005_3 «Optimización de la cadena logística», completan el certificado de profesionalidad COML0309, sobre Organización y Gestión de almacenes.

Desde el punto de vista divulgativo, esta obra puede utilizarse como material de información y consulta para facilitar la integración y la mejora profesional y empresarial, y para comprender el funcionamiento de la logística y la cadena de suministro de las empresas y las personas que trabajan en ellas, ya sean de alta dirección, mandos intermedios o personal de operaciones.

Capítulo 1
La cadena de suministro y los principios del almacenaje

1 La cadena de suministro

En el siglo xx las empresas trataban de incrementar sus beneficios, por un lado, aumentando la producción (tiradas largas, pocos cambios de utillajes) y fabricando contra existencias, lo que se denomina sistema *push* (la empresa empuja el producto hacia el mercado desde las existencias), y, por otro, abriendo nuevos mercados en otros países. Los costos se focalizaban en la producción, mientras que la cadena de suministro era considerada un mal necesario para llegar hasta los clientes.

Posteriormente, con el desarrollo del capitalismo, ha aumentado la competencia y, paralelamente, los avances tecnológicos son cada vez más acelerados. Estos cambios han llevado a las empresas a enfocar de manera diferente la generación de beneficio, y se ha pasado a un sistema *pull* en el cual el mercado es quien demanda el producto a la empresa. De este modo, se trabaja contra pedido y no contra existencias.

Los distintos modos de transporte –carretera, ferrocarril, marítimo y aéreo– y, especialmente, su integración en sistemas intermodales, han sido un factor clave para la globalización de los mercados, porque han permitido el movimiento de grandes cantidades de mercancías a largas distancias en un corto espacio de tiempo. Con ellos, además, han mejorado las tecnologías de la información y la comu-

Figura 1.1. Los sistemas de transporte permiten mover grandes cantidades de mercancías a largas distancias en un tiempo reducido.

nicación. Todos estos factores han sido determinantes para ampliar los mercados a escala mundial. Como contrapartida, la globalización ha obligado a las empresas a reducir costos para mantener los márgenes de beneficio y a buscar estrategias para diferenciarse de la competencia.

Con ello, la cadena logística de la empresa, que antes se consideraba un mal menor, se ha convertido en un valor añadido para los productos, un intangible de servicio. La satisfacción del cliente no reside en el producto o servicio comprado o contratado en sí, cuya calidad se le supone, sino en que aquel perciba que puede disponer del producto o servicio cuando, donde y en la cantidad que requiere y al mínimo costo posible. Por esta razón, las cadenas de suministro y la eficacia logística son claves para reducir los costos a la vez que constituyen un valor añadido.

Cada cadena de suministro consta de diferentes eslabones, que representan cada una de las empresas que participan en ella, las cuales tienen sus propios sistemas logísticos, en los que existen almacenes para las mercancías y espacios y recursos técnicos para la preparación de pedidos. Una reducción en los costos de estos aplicada en cada una de las empresas, por pequeña que sea a escala individual, resultará elevada en el conjunto de la cadena, ya que será la suma de las reducciones aplicadas en todos los eslabones.

Por este motivo, las empresas buscan sistemas y soluciones que reduzcan los costos en puntos clave de la cadena de suministro, como el almacén y todas las actividades que conlleva (aprovisionamiento, entrada, existencias, manipulación de la mercancía, preparación de pedidos, expediciones, salida y distribución). Todo ello contribuye a la mejora de la productividad y del servicio al cliente. Estos sistemas y soluciones se basan en una buena comunicación, una planificación de los recursos humanos y materiales, unos flujos coherentes y una dimensionalidad y gestión correcta de las diferentes funciones en las empresas.

Las organizaciones se concentran y focalizan su fuerza, inversión y recursos en su actividad esencial *(core business)*, lo que mejor saben hacer cada una de ellas, reduciendo, minimizando, automatizando o externalizando lo que no conlleve valor al cliente o que pueda ser realizado por otras empresas mejores en ese campo a un costo inferior del producto o servicio.

En el almacén se han de minimizar las existencias y la manutención, y agilizar la preparación de pedidos, la manipulación, la entrada y salida de mercancías sin perder servicio y al menor costo posible. Para conseguirlo se necesita llevar a cabo un control, una planificación y una comunicación, en definitiva una gestión logística e interdepartamental del almacén y de la cadena de suministro.

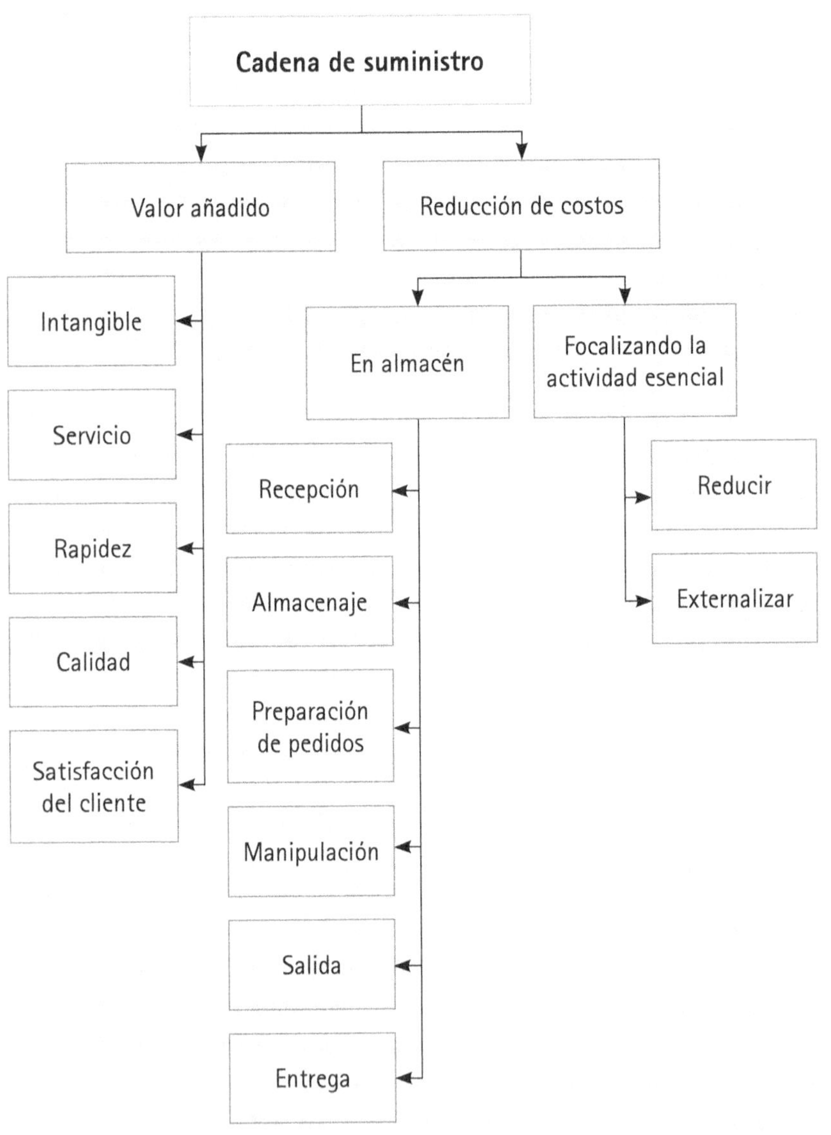

Cadena de suministro
Valor añadido
Reducción de costos
Intangible
Servicio
Rapidez
Calidad
Satisfacción del cliente
En almacén
Focalizando la actividad esencial
Recepción
Almacenaje
Preparación de pedidos
Manipulación
Salida
Entrega
Reducir
Externalizar

En el almacenamiento de mercancías se deben seguir unos principios básicos que han de estar alineados con los objetivos globales de la empresa u organización y, especialmente, con sus procesos logísticos. Las principales cuestiones que se deben tener en cuenta son:

- **Maximizar el espacio**

  El espacio de almacenamiento tiene un costo para la organización, normalmente elevado, por lo que hay que aprovecharlo al máximo. El objetivo es almacenar la mayor cantidad de mercancía en el mínimo espacio posible, buscando el equilibrio entre las necesidades del mercado, el tiempo de reposición del producto y la calidad del servicio.

Figura 1.2. Se ha de aprovechar al máximo el espacio, almacenando la mayor cantidad de mercancía en el mínimo espacio posible.

- **Minimizar la manutención del producto**

  Se trata de reducir al máximo los movimientos de las mercancías, asegurando siempre la accesibilidad a las mismas. Al limitar los movimientos al mínimo se reduce la posibilidad de accidentes y el deterioro o las roturas de los productos.

- **Adecuación a la rotación de las existencias**

  Se ha de ajustar la cantidad de producto disponible a la demanda del mercado y a los tiempos de aprovisionamiento. De este modo, se reduce la cantidad de mercancía almacenada y la inversión económica necesaria, con el consiguiente ahorro financiero. La adecuación a la rotación de las existencias también requiere menor espacio de almacenamiento, reduce la cantidad de productos obsoletos o caducados y exige dedicar un menor tiempo a la manutención.

- **Fácil acceso a las existencias**

  Se trata de acceder directamente a la mercancía almacenada, de modo que la manutención sea mínima. Facilitar el acceso a las existencias reduce los tiempos de entrada y salida, así como los de preparación de pedidos, y evita accidentes que pueden afectar a las personas y las mercancías. Como resultado de ello, aumenta la productividad global en el almacén.

- **Flexibilidad de la ubicación**

  Se han de evitar las ubicaciones vacías para evitar incurrir en un costo innecesario. Al reducir las ubicaciones vacías, se consigue aprovechar mejor el espacio, a la vez que se reducen los tiempos de desplazamiento. Sin embargo, es conveniente mantener entre el 5 y el 15% de ubicaciones vacías para absorber las puntas de entradas que puedan producirse.

- **Fácil control de las existencias**

  Es vital, para la economía de la empresa y la calidad del trabajo de las personas implicadas, gestionar y controlar las existencias. Evita que aumente el costo global del almacenamiento por errores en el servicio, pérdidas de tiempo en tareas de manutención, ubicaciones ocupadas por artículos obsoletos o caducados y falta o exceso de productos, entre otros motivos.

Estos principios de almacenaje se han de aplicar de manera equilibrada. Es decir, se debe conseguir el mínimo espacio, la mínima manutención, la máxima facilidad de acceso y la gestión y control del almacén de modo proporcional.

Si se decanta la balanza hacia alguno de los principios básicos, los costos se elevarán con la consiguiente pérdida de productividad. Este necesario equilibrio se basa en gestionar y controlar con eficiencia los siguientes aspectos:

- Las **características de las mercancías** que se almacenan: es imprescindible conocerlas para establecer las necesidades de espacio y manutención, teniendo presente el acceso a las existencias y la flexibilidad de la ubicación.

- Las **previsiones de la demanda** y los tiempos de aprovisionamiento: permiten determinar las cantidades óptimas de las existencias.

- Los sistemas adecuados para introducir y **acceder a la información** con facilidad y rapidez: ayudan a gestionar y controlar el almacén con los mínimos costos.

Es importante tener presente que el objetivo de la logística empresarial es suministrar al cliente lo que demanda, cuando lo necesita y donde lo requiere, añadiendo valor en la entrega y optimizando de manera global el nivel de costos e inversiones. En definitiva, se trata de alcanzar unos niveles de servicio predeterminados al mínimo costo.

16

Capítulo 2
Identificación de las ubicaciones

En cualquier tipología de almacén, ya esté organizado mediante el método de almacenamiento ordenado o con el caótico, de hueco libre, es importante tener referenciado cada uno de los huecos que se utilizarán para guardar la mercancía. Esto reduce los tiempos de búsqueda y facilita la gestión de la ubicación y la desubicación de la mercancía, así como los flujos de entrada y salida, los movimientos internos y la realización de inventarios.

La utilización de sistemas informáticos en la gestión de la empresa y del almacén obliga a realizar la identificación del hueco de manera única, inequívoca y no ambigua. Existen dos sistemas para referenciar e identificar las ubicaciones de los almacenes:

- **Identificación por estantería**

  Normalmente se utiliza en espacios reducidos y con poca profundidad, en almacenes pequeños y con pocos pasillos, aunque anchos. La identificación se sitúa habitualmente al inicio de la estantería, en el pasillo central. Al ser pasillos anchos, el circuito presenta forma de U dentro de ellos. La entrada y la salida de cada pasillo se hace por el mismo lado, lo que facilita el paso a otros pasillos a través del central. En la ida se ubica o desubica la mercancía en la estantería 01, por ejemplo, y en la vuelta en la estantería 02. Para facilitar esta operativa y su gestión informática, como se observa en la figura 2.1, la estantería 01 empieza por la ubicación 01 en el pasillo central, y la estantería 02 tiene la ubicación 01 al final de pasillo en el lado contrario a la primera estantería. De esta manera, pueden trabajar dos carretillas a la vez en el mismo pasillo, siempre que el ancho del mismo permita la maniobra y el paso de ambas.

Los huecos se identifican en altura numerándolos de manera creciente desde a ras de suelo, normalmente a partir de la posición 00 o 01, hasta la ubicación más alta, tal como se observa en la figura 2.2 .

Figura 2.1. Identificación por estantería y ubicación a lo largo de la misma. Los espacios entre estanterías son los pasillos.

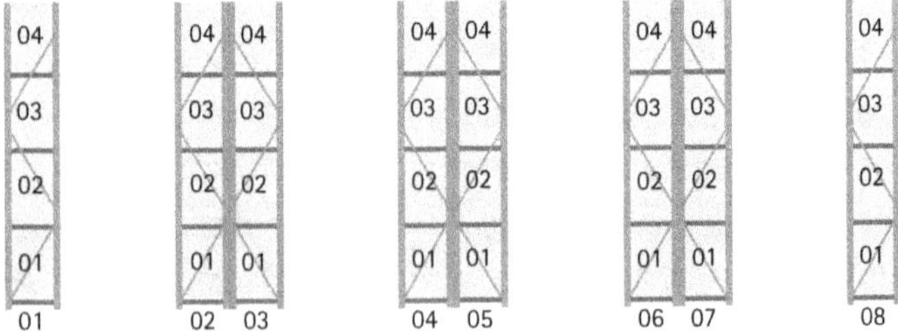

Figura 2.2. Identificación de las estanterías y de los huecos de cada una de ellas en altura. Los espacios entre estanterías son los pasillos.

Figura 2.3. Ejemplo de identificación de los bloques de estanterías mediante letras y números en un almacén.

- **Identificación por pasillo**

Normalmente se utiliza en almacenes con espacios de almacenamiento anchos y profundos. Los pasillos son estrechos, habitualmente ubicados a la mitad y al final de las estanterías. El circuito tiene forma de Z, de modo que en un solo viaje se puede ubicar o desubicar mercancías en las dos estanterías, a derecha e izquierda del pasillo. Para gestionar este tipo de circuito en Z es necesario que la numeración de las ubicaciones no sea consecutiva en cada estantería, sino que siga una línea imaginaria zigzagueante en forma de Z, como se refleja en la figura 2.4.

Los huecos se identifican en altura numerándolos de manera creciente desde a ras de suelo, normalmente a partir de la posición 00 o 01, hasta la ubicación más alta, tal como se observa en la figura 2.5.

En las figuras 2.4 y 2.5 se han utilizado dos dígitos para indicar las estanterías o los pasillos, la altura y la longitud de cada estantería, pero en algunos almacenes se utilizan tres dígitos o más.

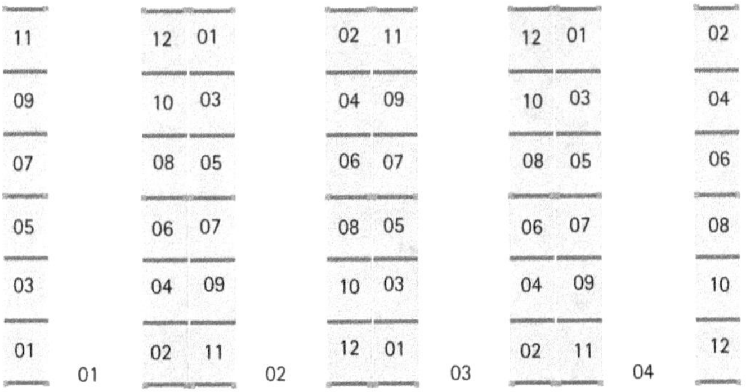

Figura 2.4. Identificación por pasillo y ubicación a lo largo
del mismo. Los espacios entre estanterías son los pasillos.

Este último sistema permite aumentar la cantidad de dígitos de la numeración, siempre que se tenga presente dicha posibilidad cuando se programa, ya que los cambios posteriores conllevan una tarea laboriosa.

En las estanterías de doble profundidad se pueden utilizar letras para la identificación, por ejemplo la P (de pasillo) y la F (de fondo), la A (de adelante) y la D (de detrás), o la E (de exterior) y la I (de interior). También se pueden usar números siguiendo la misma sistemática de identificación: 01 para la ubicación exterior y 02 para la interior, etc.

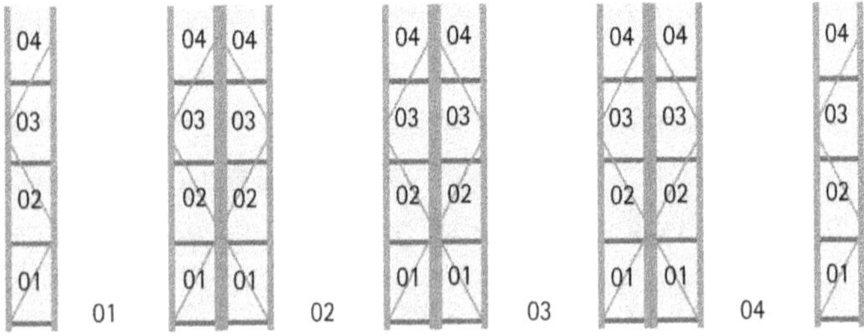

Figura 2.5. Identificación por pasillo y del hueco en altura de la estantería.

En las empresas que disponen de más de un almacén con una gestión centralizada, la identificación de las ubicaciones ha de reflejar a qué almacén se refieren. Para ello, al igual que en el caso anterior, se pueden utilizar una o más letras, por orden alfabético (por ejemplo, AA, BB, etc.) o números.

Para identificar cada ubicación del almacén de forma clara y unívoca, es necesario que los datos identificativos sigan una estructura y estén ordenados según criterios como los siguientes:

- **El primer grupo,** de uno, dos o tres dígitos (números o letras), indica el almacén. La cantidad de dígitos dependerá del número de almacenes que tenga la empresa. En el caso de que solo disponga de uno, no es necesario aplicar este primer grupo de dígitos.

- **El segundo grupo** de dígitos indica la estantería o el pasillo, según el sistema de identificación elegido. La cantidad de dígitos dependerá del número de estanterías o pasillos. Los dígitos normalmente son numéricos.

- **El tercer grupo** de dígitos indica la ubicación a lo largo de la estantería o el pasillo. La cantidad de dígitos dependerá de la longitud de estos. Los dígitos normalmente son números.

- **El cuarto grupo,** de dos o tres dígitos, indica la altura a la que encuentra la ubicación en la estantería. La cantidad de dígitos, habitualmente dos, dependerá de la altura de las estanterías. Los dígitos normalmente son numéricos.

- **El quinto grupo,** de uno o dos dígitos (números o letras), indica la profundidad a la que está la ubicación en la estantería, en el caso de tener doble profundidad.

Para mantener un orden coherente en los sistemas informáticos, se ha de tener presente la cantidad de dígitos a utilizar. No es lo mismo emplear un solo dígito, por ejemplo 1, que 01 o 001.

En las organizaciones con varios almacenes, la cantidad de dígitos de las diferentes partes de la codificación lo determinará el almacén con mayor número de estanterías, pasillos, profundidades o alturas, a no ser que sean independientes.

Las figuras 2.6 a 2.8 presentan ejemplos de codificación de ubicaciones que siguen las directrices indicadas.

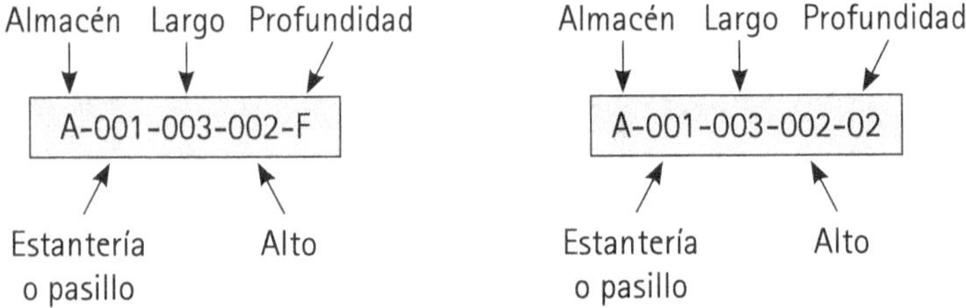

Figura 2.6. Identificación de ubicaciones de una empresa con diferentes almacenes y estanterías de doble profundidad.

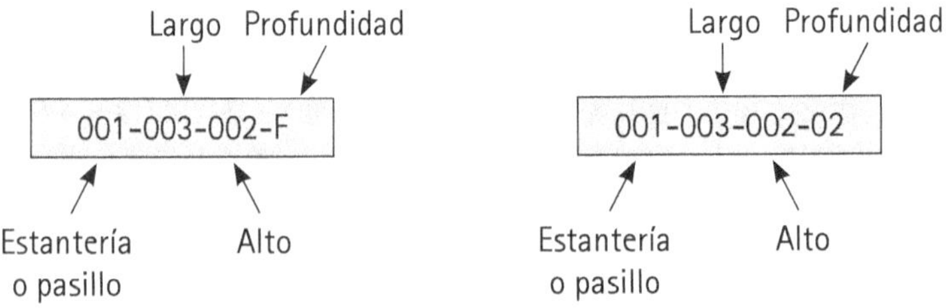

Figura 2.7. Identificación de ubicaciones de una empresa con solo un almacén y estanterías de doble profundidad.

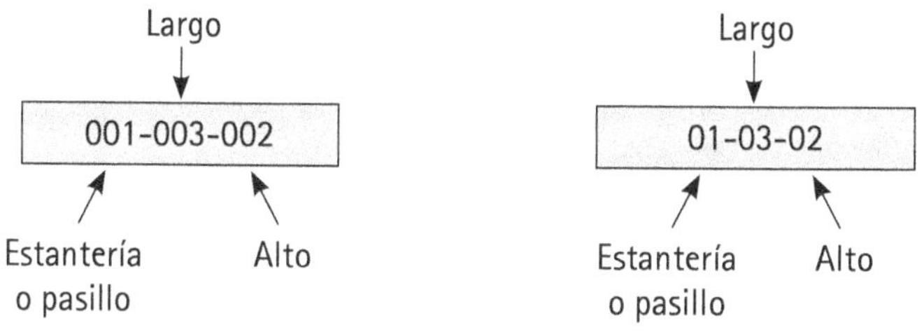

Figura 2.8. Identificación de ubicaciones de una empresa con solo un almacén y estanterías simples.

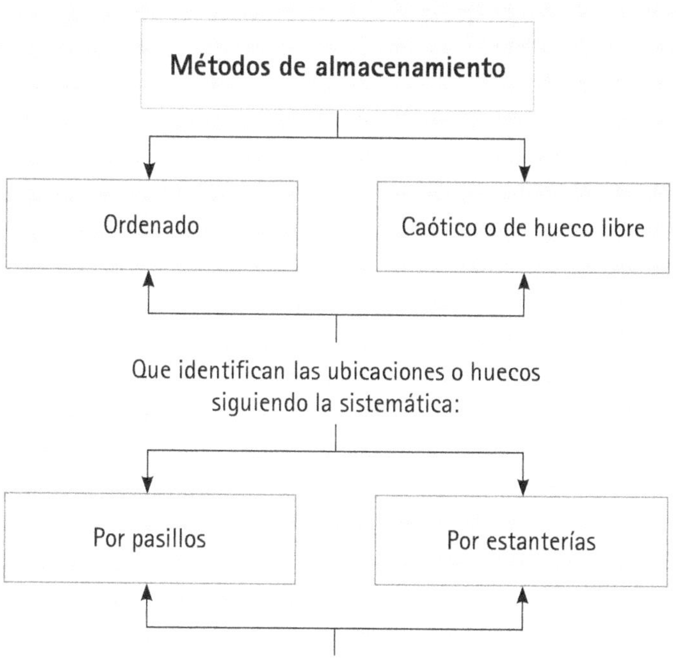

Capítulo 3

Organización de las mercancías en el almacén

Para organizar y ubicar las mercancías en el almacén se siguen diferentes criterios, que pueden aplicarse de manera complementaria. Normalmente están basados en razones de seguridad para las personas y las mercancías, y en las necesidades específicas de cada producto y las que representa su salida del almacén. Estos criterios básicos de organización son los siguientes:

- **Compatibilidad**

  Las mercancías de igual naturaleza o de características similares pueden ubicarse próximas. Por ejemplo, los productos alimentarios vegetales congelados, como las verduras y hortalizas, son compatibles, pero no pueden estar junto al pescado congelado.

- **Incompatibilidad**

  Puede venir dada por necesidades de conservación diferentes (por ejemplo, productos congelados o frescos), por la naturaleza de la mercancía (los ácidos y las bases, en los productos químicos), por la posibilidad de contaminación (a causa del olor o del sabor) o de intoxicación (derivada de la interacción entre productos), por el peligro de que se dañe una mercancía (por ejemplo, al colocar elementos electrónicos debajo de estanterías con líquidos) o por motivos de seguridad (normativas que

Figura 3.1. Se pueden colocar las mercancías de similares características próximas entre sí.

puedan afectar al producto, las personas o el medioambiente). También se puede observar estas incompatibilidades fuera de los espacios de almacenamiento, por ejemplo, en los comercios minoristas o mayoristas.

- **Complementariedad**
  Se trata de mercancías que por su función o sus características se complementan. Se pueden almacenar de manera que los productos complementarios se encuentren próximos los unos de los otros para reducir los recorridos en la preparación de los pedidos. Por ejemplo, pueden almacenarse elementos de mobiliario cerca de otros de decoración de interiores. Algunas empresas amplían este concepto de complementariedad al diseño de sus establecimientos para facilitar el recorrido de los clientes mientras realizan sus compras.

- **Tamaño y forma**

  Para facilitar los movimientos dentro del almacén, es conveniente separar las mercancías de tamaños o formas dispares, ya que la tipología de las estanterías, la maquinaria que se ha de emplear o el espacio que se necesita pueden ser muy diferentes. Por ejemplo, resulta difícil almacenar tuberías en estanterías convencionales para palés o realizar la manutención de este producto con una carretilla eléctrica contrapesada sin los complementos necesarios para su sujeción.

- **Recorridos de distribución mínimos**

  Conviene disponer las mercancías de manera que se saquen del almacén teniendo en cuenta el orden de colocación para la preparación de pedidos, su expedición o su ubicación en el punto de venta, minimizando así los recorridos que se deban efectuar en la manutención.

- **Rotación de movimientos de salida**

  La zonificación del almacén según el índice de rotación de las mercancías es uno de los criterios de distribución más habituales (véase el apartado 3, Clasificación ABC, en el capítulo 2 «Métodos de almacenamiento y gestión de las existencias»).

Finalmente, la ubicación de la mercancía dentro del almacén también puede estar influida por los procedimientos de salida y la trazabilidad de los productos que se hayan acordado con los clientes o por normativas legales.

+i Todos los **movimientos** de las mercancías han de quedar reflejados en el **sistema de gestión de las existencias del almacén**, ya sea manual o informatizado, para poder controlarlas: saber cuáles son y dónde se encuentran, y seguir su trazabilidad.

Capítulo 4
Áreas operacionales en el almacén

Los principales procesos logísticos en un almacén se desarrollan a través de las áreas operacionales siguientes:

- **Manutención**

  Comprende todos los movimientos de las mercancías, realizados manualmente (por personas, con o sin ayuda de máquinas) o de manera automatizada (sin intervención de las personas). La manutención abarca la recepción y el almacenaje de las mercancías, la preparación de los pedidos y su expedición. Se consideran manutención, por ejemplo, la descarga de un vehículo de transporte, la ubicación y desubicación de palés en estanterías, y los movimientos de artículos hasta la zona de preparación de pedidos o las áreas de producción.

- **Manipulación**

  Comprende las operaciones llevadas a cabo durante el periodo de almacenamiento que pueden significar un cambio en la forma de presentación de una mercancía. Normalmente, se realiza durante el proceso de preparación del pedido, por ejemplo, al agrupar unidades de producto para hacer ofertas especiales, con la modificación del envoltorio, el etiquetaje o el reetiquetaje, o cuando se incorporan otros elementos, como regalos, nuevos artículos de promoción, etc. No se considera manipulación la

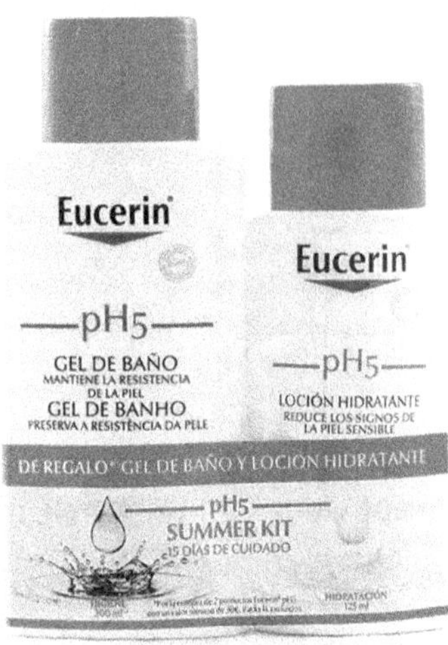

*Figura 4.1. Los productos pueden ser agrupados o manipulados
para realizar ofertas o entregar obsequios promocionales.*

consolidación o el grupaje de la mercancía para el transporte y la entrega de pedidos.

- **Consolidación de cargas**

  Es una operación que consiste en agrupar las mercancías de diferentes orígenes cuyo destino es común. Se engloban en este grupo la extracción de mercancías *(picking)* y su expedición. Por ejemplo, en las plataformas logísticas de las cadenas de supermercados se agrupan los productos de diferentes proveedores para la entrega conjunta a los establecimientos comerciales minoristas.

- **Disgregación de cargas**

  Consiste en separar la mercancía recibida de un mismo origen para enviarla a diferentes destinos. Engloba las funciones de recepción, preparación de pedidos y las expediciones. Este tipo

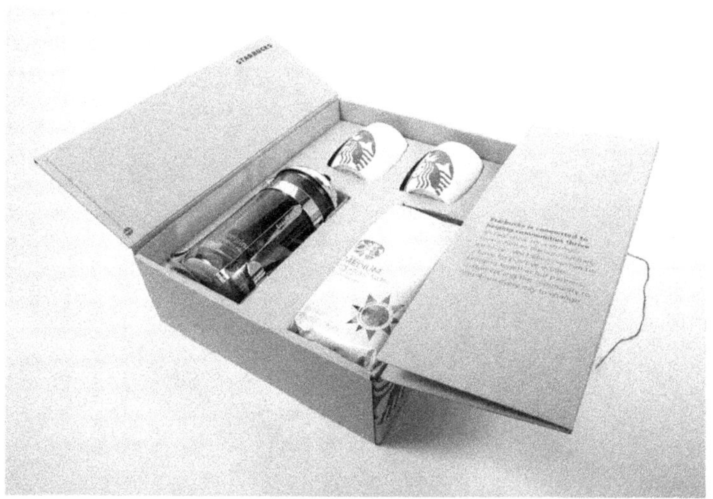

Figura 4.2. Agrupación de productos formando una unidad de carga.

de práctica es habitual, por ejemplo, en las compañías de transporte de paquetería, que reciben mercancía desde otras empresas transportistas de forma agrupada y la desagrupan para su reparto.

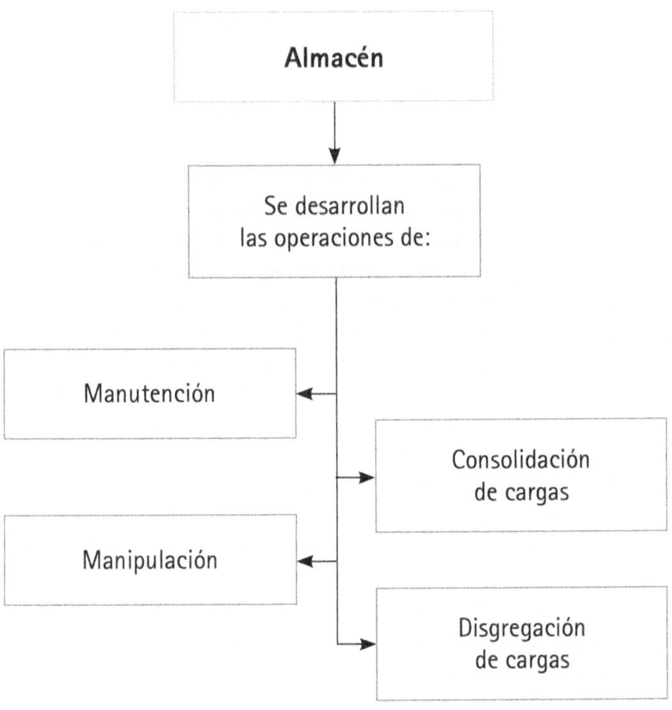

Almacén
Se desarrollan
las operaciones de:
Manutención
Consolidación
de cargas
Manipulación
Disgregación
de cargas

Capítulo 5
Funciones logísticas del almacén

Las principales funciones logísticas de un almacén son la recepción, el almacenaje, la preparación de pedidos y la expedición de mercancías. Estas funciones se sustentan en las áreas operacionales de manutención y manipulación de mercancías, y consolidación y disgregación de cargas. El desarrollo de cada función genera o agrupa diferentes tareas:

- **Recepción**

  Comprende operaciones que se desarrollan antes, durante y después de la entrada de la mercancía en el almacén:

  - Antes de la llegada de la mercancía, la planificación.
  - Durante la llegada de la mercancía, la descarga.
  - Después de la llegada de la mercancía, el control.

- **Almacenaje**

  Consiste en mantener las mercancías ubicadas de manera ordenada, controlada y segura, de acuerdo con sus características durante un periodo de tiempo. Es importante que esta actividad tenga el menor costo posible. Las operaciones que conlleva el almacenaje son: la ubicación, la desubicación, la gestión y el control.

- **Preparación de pedidos**

  Son las operaciones que se realizan después de la petición de una determinada mercancía y que se extienden hasta que el

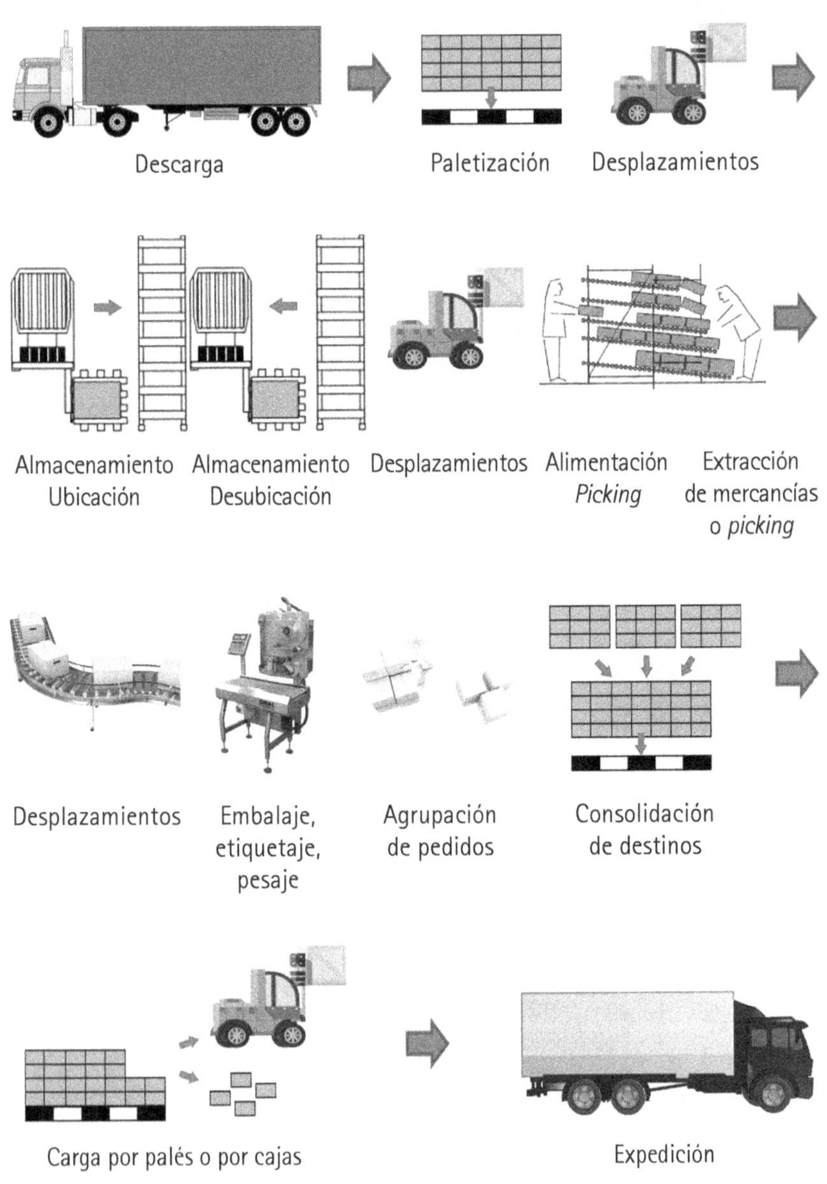

Figura 5.1. Principales operaciones en los flujos de las mercancías en un almacén.

Funciones logísticas del almacén
Recepción
Expedición
La planificación
Acondicionamiento de la mercancía
La descarga
Almacenaje
Preparación
Preparación de la documentación
El control
Carga de la mercancía
La ubicación
Recepción y gestión del pedido
La desubicación
La extracción de la mercancía
La gestión
El control
El control y el etiquetaje

pedido está preparado para expedirse al destinatario. La preparación de pedidos es importante, entre otros motivos, por el tiempo y los recursos que consume. Se inicia con la recepción del pedido, continúa con su introducción o verificación en el sistema de gestión, la organización y gestión de la preparación del mismo, la extracción de la mercancía de su ubicación, su control (utilizando, por ejemplo, el pesaje o los códigos de barras) y su etiquetaje.

- **Expedición**

  Agrupa las operaciones para facilitar el transporte de las mercancías hasta su destino final, así como la preparación de la documentación necesaria para ello:

  - Acondicionamiento de las mercancías para que lleguen en perfecto estado, de acuerdo con las condiciones de entrega y transporte pactadas con el destinatario.

  - Preparación de la documentación necesaria para el transporte (por ejemplo, la carta de porte o documento análogo) y la entrega al destinatario (como el albarán o la factura).

  - Carga de la mercancía, mediante medios mecánicos o manuales, en el transporte: furgoneta, camión, barco, tren o avión.

Capítulo 6
Recepción o entrada de las mercancías

El primer grupo de actividades de las operaciones físicas y documentales en el almacén es la recepción o entrada de las mercancías, acto que materializa el compromiso adquirido por el proveedor de poner a disposición del cliente la mercancía solicitada a través de un pedido, en la cantidad, el lugar, el momento, y las condiciones técnicas, legales y de calidad acordados. Comprende, por lo tanto, todas las operaciones de planificación, movimiento físico y control administrativo del flujo de mercancías entre proveedor y cliente.

La recepción de las mercancías es uno de los puntos críticos en la gestión de la cadena de suministro en las empresas, cualquiera que sea el tamaño y el sector al que pertenezcan. Una gestión errónea en la recepción repercute en el conjunto de la cadena logística, en la calidad del servicio y en los costos logísticos de la empresa.

En la recepción de mercancía se distinguen tres fases consecutivas: antes de su llegada, la descarga del vehículo de transporte y después de que esta se haya realizado.

1 Antes de la llegada de las mercancías

Esta fase agrupa todas las operaciones que se han de realizar con anterioridad a la recepción de las mercancías. Incluye la orden de compra o el pedido por parte del cliente, la planificación de las tareas y la verificación de los recursos necesarios para realizar la descarga del vehículo de manera rápida y segura.

- **Orden de compra o pedido**
  Generalmente, debe contener la información que se describe en la tabla 6.1.

INFORMACIÓN DEL PEDIDO
Fecha del pedido y número
Denominación y datos fiscales de la empresa cliente
Dirección de entrega
Denominación y datos fiscales de la empresa proveedora
Transportista (si es a cargo del cliente)
Tipología del medio de transporte (furgoneta, camión, tráiler, ferrocarril, barco, avión)
Requerimientos especiales del medio de transporte (temperatura controlada positiva o negativa, vehículo bañera, cisterna, góndola, plataforma, volquete, transporte especial, etc.)
Tipología del embalaje de transporte y almacenaje (mercancía paletizada, a granel, en cajas sueltas, rodante, en bolsas, embalaje especial, etc.)
Referencia de la mercancía (denominación, descripción, dimensiones, cantidad, etc.)
Fecha y horario de llegada deseado
Requerimientos especiales (de conservación, transporte u otros)
Otras observaciones necesarias

Tabla 6.1. Información general que debe contener la orden de compra del cliente al proveedor.

- **Planificación de tareas de descarga**

  Consiste en la organización de los recursos humanos y materiales necesarios para la descarga. Se necesita saber:

  - De qué elementos mecánicos se dispone (carretillas eléctricas elevadoras, transpaletas, etc.) y cuáles son necesarios.
  - Cuál es su estado de disponibilidad (por ejemplo, si las baterías están cargadas).
  - Qué cantidad de mercancía se ha de descargar.
  - Cuándo se realizará la descarga y cuánto tiempo se empleará en ello.
  - Qué cantidad de espacio habrá libre en el área o la playa de entrada y cuánto es necesario.
  - Qué muelle o área se va a utilizar para la descarga.
  - Qué recursos humanos son necesarios y de cuáles se dispone.
  - Qué espacio existe para ubicar la mercancía y dónde se ubicará.

  Con los datos anteriores se debe planificar la descarga que mejor se adapte a las características de la mercancía y del vehículo de transporte, buscando la optimización del tiempo y de los recursos que se vayan a utilizar.

Los procesos de manipulación, almacenamiento, transporte y distribución comercial de determinadas mercancías solo se pueden llevar a cabo con algún **sistema de control de su temperatura**. Estas mercancías se clasifican en: refrigeradas, congeladas o ultracongeladas, a temperatura ambiente y en caliente. La rotura de la cadena de frío en la alimentación provoca la retirada o devolución de toda la mercancía afectada.

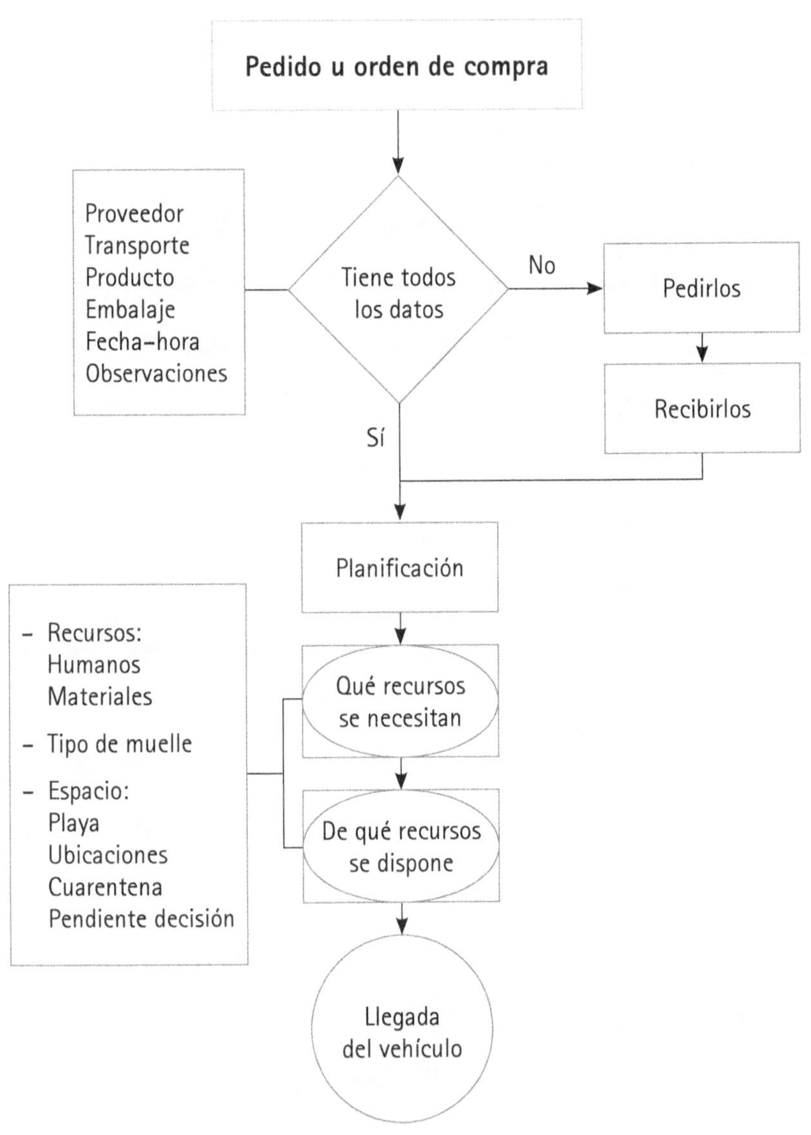

Pedido u orden de compra
Proveedor
Transporte
Producto
Embalaje
Fecha-hora
Observaciones
Tiene todos los datos
No
Pedirlos
Recibirlos
Sí
Planificación
- Recursos:
Humanos
Materiales
- Tipo de muelle
- Espacio:
Playa
Ubicaciones
Cuarentena
Pendiente decisión
Qué recursos se necesitan
De qué recursos se dispone
Llegada del vehículo

Figura 6.1. Hay que comprobar que se dispone de todos los recursos humanos, materiales y espaciales para recibir las mercancías.

- **Verificación de los recursos humanos y materiales**
  Poco antes de la llegada del vehículo, se ha de verificar que se dispone de todos los recursos, humanos, materiales y espaciales, en las condiciones óptimas para una correcta y rápida realización de las tareas de descarga y ubicación de la mercancía.

2 Descarga de la mercancía

Consiste en la llegada del vehículo de transporte, la verificación documental, la descarga física (que puede incluir, si es necesario, la creación de una unidad de almacenaje), la verificación visual, la confirmación documental y la partida del vehículo.

- **La llegada del vehículo de transporte**
  Se han de realizar las siguientes tareas:

  - Confirmar que la empresa receptora es la destinataria de la mercancía.

*Figura 6.2. La descarga del vehículo de transporte o el vaciado del contenedor
se han de realizar con los recursos humanos y técnicos adecuados.*

– Indicar al conductor del vehículo el muelle de descarga, en caso de que haya más de uno.
– Facilitar la maniobra del vehículo para su descarga.
– Verificar que las características especiales del transporte se han cumplido. Por ejemplo, en el transporte de productos congelados se verifica con un termómetro en diferentes puntos de la caja del vehículo o contenedor que la temperatura se sitúa entre –18° y –21° al abrir las puertas.

• **La verificación documental**
Esta operación, previa a la descarga de las mercancías, consiste en:

– Cotejar el albarán de entrega con el pedido o la orden de compra.
– Comprobar si se han cumplido las características especiales indicadas para el transporte (por ejemplo, los controles de tem-

   Flujos de mercancías en el almacén

peratura de máximos y mínimos durante el transporte; algunos vehículos están preparados para mostrar una lectura de la misma durante el trayecto).

- Facilitar la presencia del conductor, en el caso de vehículos de carretera, para verificar que la mercancía no ha sufrido deterioro durante el transporte.

- **La descarga**

  Es el acto físico del proceso de entrega de la mercancía, es decir, su recepción por el destinatario:

  - En la descarga se han de emplear los recursos humanos y materiales planificados.
  - La mercancía se ha de ubicar en el espacio destinado en el área de recepción o playa, teniendo en cuenta que si el embalaje presenta condiciones deficientes puede quedar pendiente de una decisión sobre su destino final.
  - En la descarga manual, se creará la unidad de almacenaje en la misma operación, cuidando que el etiquetado quede posicionado de manera que se pueda realizar su lectura con sistemas automatizados.

- **La verificación visual**

  Se ha de realizar durante la operación de descarga. Podría darse el caso de que la descarga no se llegase a realizar, total o parcialmente, por no estar la mercancía conforme, presentar un embalaje defectuoso o haber sufrido algún percance durante el transporte que pusiera en peligro su descarga o a las personas implicadas en la misma. La verificación visual conlleva:

  - Comprobar que la mercancía está bien posicionada y sujeta en el vehículo o contenedor.

- Asegurarse de que no ha sufrido golpes, que el embalaje está en condiciones óptimas, sin roturas ni deformaciones.
- Confirmar que esté preparada para su descarga: palés en buen estado, peso adecuado para los medios que se van a emplear y que el etiquetaje esté colocado correctamente para facilitar su lectura.

En el caso de que se detecte alguna anomalía, la mercancía afectada ha de separarse físicamente del resto para realizar un control exhaustivo, antes de la partida del vehículo para su devolución inmediata o con posterioridad.

- **La confirmación documental**

  Consiste en verificar y confirmar los albaranes de entrega y el pedido u orden de compra con la mercancía recibida, anotando siempre cualquier anomalía o diferencia que se pueda detectar en la descarga. La tabla 6.2 muestra los aspectos que hay que tener en cuenta en esta fase del proceso de descarga de la mercancía.

  - Las anotaciones que se realicen han de registrarse en todos los albaranes y copias.
  - Es importante asegurarse de que el transportista firme toda la documentación y las anotaciones realizadas (siempre que haya estado presente en la descarga).
  - En esta documentación han de figurar el sello de la empresa y el sello o anotación de «conforme salvo examen» o «pendiente de examen» u otra similar, para evitar los problemas que se pudieran generar si en un momento posterior a la llegada se encontraran anomalías en la mercancía.
  - También han de figurar la firma y el nombre de la persona que ha realizado la descarga o de la responsable de entradas o recepción de la empresa.

– Es importante la presencia del transportista en el momento de la descarga para que pueda certificar el estado de la mercancía en la entrega. En el caso de no certificarlo, la gestión se puede complicar, especialmente si la mercancía llegara defectuosa. Debe preverse que el transportista no firmará las observaciones o anomalías detectadas si no está presente en la descarga.

La legislación de cada país estipula el plazo para hacer reclamaciones por problemas en el transporte de la mercancía.[1]

Verificación documental en la descarga de la mercancía
Que la cantidad se corresponda con el pedido (de lo contrario, verificar si hay alguna indicación que diga que es una entrega parcial)
Que no falten datos: el número de lote, la fecha de caducidad, etc.
Que concuerden las referencias entre el pedido, los albaranes y la mercancía
Que se corresponda con los valores del pedido, si el albarán está valorizado
La cantidad de mercancía pendiente de revisar por embalaje deficiente (hay que indicar la referencia del producto correspondiente, la cantidad de mercancía en cuarentena y la referencia de la mercancía implicada)
Que la mercancía esté bien sujeta en la caja del vehículo o contenedor
Que la temperatura del vehículo o contenedor sea la correcta a la llegada
Indicar y adjuntar copias de los registros pertinentes de temperatura en el trayecto o la llegada
Anotar la fecha y hora de llegada

Tabla 6.2. Aspectos que se han de tener en cuenta en la verificación documental durante la descarga de la mercancía.

[1] En España, por ejemplo, existe un máximo de siete días naturales. Véase la Ley 15/2009 sobre el contrato de transporte terrestre de mercancías, artículo 60.

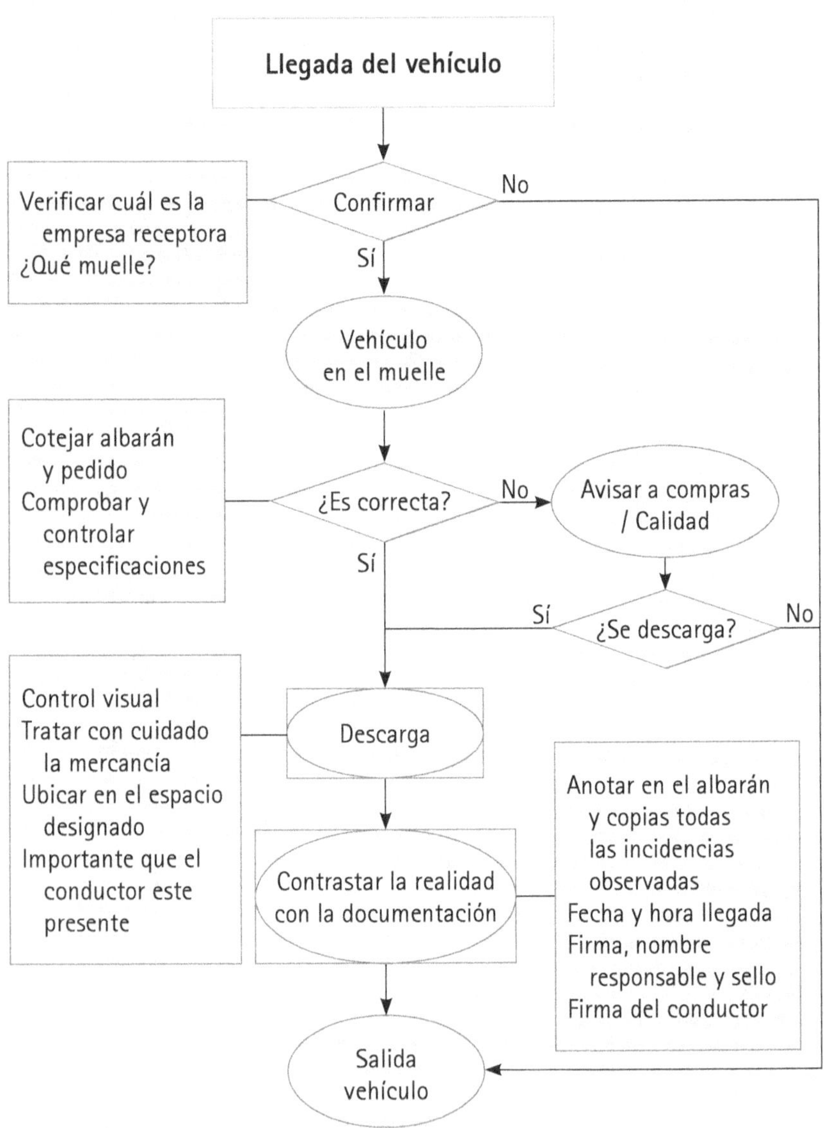

Llegada del vehículo
Verificar cuál es la empresa receptora ¿Qué muelle?
Confirmar
No
Sí
Vehículo en el muelle
Cotejar albarán y pedido
Comprobar y controlar especificaciones
¿Es correcta?
No
Avisar a compras / Calidad
Sí
¿Se descarga?
Sí
No
Control visual
Tratar con cuidado la mercancía
Ubicar en el espacio designado
Importante que el conductor este presente
Descarga
Anotar en el albarán y copias todas las incidencias observadas
Fecha y hora llegada
Firma, nombre responsable y sello
Firma del conductor
Contrastar la realidad con la documentación
Salida vehículo

Por ello, es sumamente importante anotar todas las observaciones, anomalías o defectos en el albarán, ya que con estos apuntes más la firma del transportista y la del responsable de la descarga, junto al sello de la empresa, se estarán cumpliendo requisitos necesarios para la reclamación de daños que pudieran derivarse.

- **La partida del vehículo**
  Es la última operación de esta fase e incluye la entrega de la documentación sellada, firmada y con las anotaciones pertinentes al transportista, y la salida del vehículo del muelle de descarga.

3 Después de la descarga

Finalizada la descarga, se deben realizar tareas de control, etiquetaje (si es necesario), ubicación de la mercancía en el almacén y gestión de la información y la documentación pertinente.

- **Control**
  Los controles tienen como finalidad verificar el estado de las mercancías recibidas y si responden a los estándares de calidad establecidos para cada producto. Los controles de entrada y de calidad pueden ser más o menos laxos dependiendo de si la empresa ha concertado con el proveedor un contrato de calidad y de los términos establecidos en el mismo. También se han de realizar controles sobre las mercancías que se encuentren en espera de decisión, con un repaso unitario o aleatorio, por ejemplo, cuyo resultado puede ser el reembalaje y posterior entrada normal en el almacén, la devolución al proveedor o su desechado.

- **Etiquetaje**

  Cada vez es menos frecuente etiquetar los productos a su llegada, ya que los sistemas de gestión y la utilización de códigos de barras GS1, antes EAN *(european article number* o número de artículo europeo), el *hardware* lector y los sistemas informáticos están facilitando la estandarización y unificación de nomenclatura en toda la cadena de suministro. De este modo, se utiliza el mismo lenguaje desde el inicio hasta el cliente final, siempre que no haya una modificación en la mercancía. En algunos casos en los que el embalaje estuviera dañado y hubiera de reembalarse se tendría que realizar un reetiquetaje para facilitar su lectura durante el resto de los procesos internos y externos.

- **Ubicación de la mercancía en el lugar que se haya designado**

  La mercancía se ubicará en los huecos preparados anteriormente en el almacén, en los huecos de la preparación de pedidos

Figura 6.3. Después de la descarga, hay que ubicar adecuadamente la mercancía en el almacén.

establecidos para tal efecto, en los espacios destinados a expediciones o en el espacio para su devolución, destrucción o reparación.

- **Gestión de la información y la documentación generada durante la recepción de la mercancía**
  La documentación física recibida será entregada según el flujo y el procedimiento que cada empresa tenga definido, por ejemplo:

  - Los albaranes de la mercancía.
  - Los documentos de transporte, como la carta de porte CMR, la carta de porte CIM (para el transporte por carretera o ferrocarril, respectivamente) el certificado ADR (en el transporte de mercancías peligrosas por carretera) o el certificado de conformidad CSC (relativo a la seguridad de los contenedores).
  - Los albaranes de transporte.
  - La factura.
  - La documentación adicional que puede llevar la mercancía.
  - La documentación generada durante el proceso.

En la cadena de suministro es fundamental gestionar correctamente la información de entrada en el almacén. Gran parte de ella, como puede ser el lote, la partida, la caducidad o el consumo preferente, facilita la trazabilidad del producto dentro de la empresa, en relación a los proveedores y hacia los clientes. En muchos sectores, la trazabilidad del producto es muy importante, ya que permite detectar, apartar, reparar o verificar un producto sin riesgo para el cliente final. Por ejemplo, en el sector de la automoción un fabricante puede llamar a revisar solo unos vehículos concretos, según el modelo o la fecha de fabricación; o en el sector de la alimentación, es posible retirar del mercado solo una partida o lote concreto.

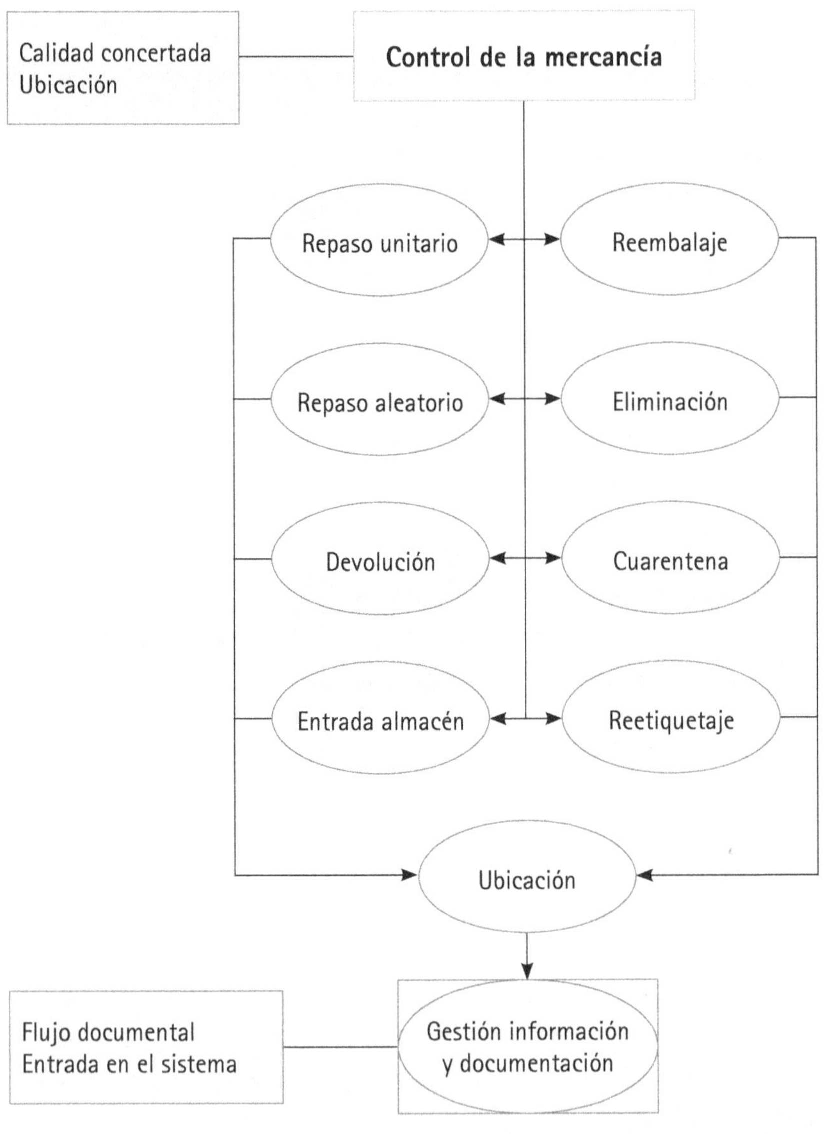

Calidad concertada
Ubicación

Control de la mercancía

Repaso unitario
Reembalaje
Repaso aleatorio
Eliminación
Devolución
Cuarentena
Entrada almacén
Reetiquetaje
Ubicación
Gestión información y documentación

Flujo documental
Entrada en el sistema

4 Adecuación a las características de la empresa

Dependiendo de la organización, la dimensión de la empresa y las características de la mercancía, algunas tareas no se realizarán, ya que son innecesarias, por ejemplo:

- Cierto tipo de controles, si hay un contrato de calidad concertada.
- El etiquetaje o reetiquetaje.
- La planificación de la descarga, que puede reducirse considerablemente en empresas con pocos movimientos de transporte.

Uno de los problemas más habituales en las pequeñas y medianas empresas es la falta de planificación e información en la entrada de la mercancía. Las siguientes situaciones pueden impedir la correcta información del flujo de llegada de mercancía:

- No disponer de información sobre lo que acaba de llegar.
- Tener información sobre lo que ha de llegar pero no de cuándo lo hará ni cómo.

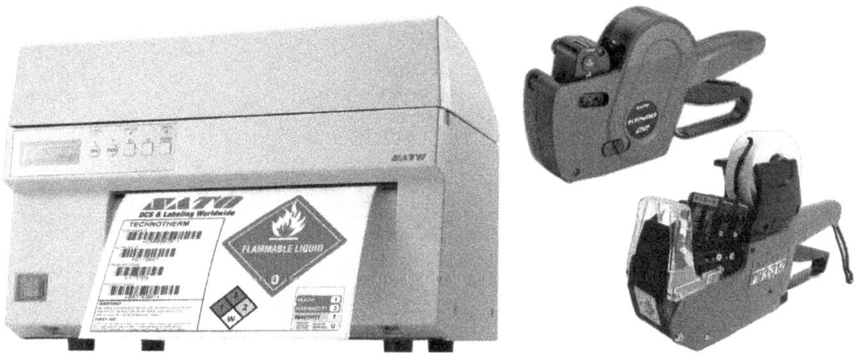

Figura 6.4. El etiquetaje o reetiquetaje es con frecuencia una operación necesaria antes de ubicar las mercancías en el almacén.

- Que el camión se encuentre en el muelle pero que no haya recursos humanos ni materiales preparados.
- Que no se disponga de espacio suficiente en el almacén para ubicar la mercancía.
- Que llegue mercancía no pedida pero que habrá que descargar.
- Que la mercancía llegue sin albarán.
- Que llegue la mercancía con la documentación sin información suficiente o que esta sea errónea.
- Que haya diferentes partidas, lotes, caducidades, etc. de un mismo producto, lo cual dificulta su gestión y puede provocar errores en la trazabilidad.

Capítulo 7
Flujos internos del almacén

Son aquellos procesos que engloban diferentes operaciones, movimientos o manutenciones que se realizan desde que la mercancía entra en el almacén hasta su salida del mismo, sea cual sea su destino (producción, montaje, preparación de pedidos, expediciones o venta).

Los flujos internos se refieren tanto a las personas implicadas como a las mercancías, la información y la documentación que conllevan. Son la consecuencia de la ubicación y la desubicación de la mercancía, y la ordenación del propio almacén. Se ha de tener en cuenta que dentro de una misma empresa puede haber diferentes almacenes con sus correspondientes flujos diferenciados.

1   Ubicación de las mercancías

La función de este flujo es colocar la mercancía en el lugar correspondiente del almacén, siguiendo las instrucciones facilitadas por la persona responsable o el programa gestor. Los materiales o productos pueden provenir de diferentes procesos: de compras o aprovisionamiento, de la logística inversa, del área de producción o de las operaciones de otros departamentos. Dependiendo de la procedencia de los productos, llegarán en unas condiciones determinadas y su manutención será diferente en cada caso.

- **Compras o aprovisionamiento**

  Las mercancías llegan al almacén para su ubicación desde la entrada o recepción. Pueden ser materias primas, productos semielaborados para la producción o el montaje, materiales consumibles o auxiliares para los diferentes departamentos de la empresa, o producto final o acabado para la preparación de pedidos, acompañados de la documentación generada y recibida.

- **Logística inversa**

  Las mercancías llegan al almacén para su ubicación desde la entrada o recepción en el caso externo o desde alguno de los departamentos de la empresa, por ejemplo, producción o administración. Pueden tratarse de devoluciones de clientes o de materiales relacionados con la recuperación de envases, embalajes y residuos, con la documentación generada o recibida correspondiente.

- **Producción y operaciones propias**

  Se recibe el producto semielaborado o acabado desde otras áreas de la empresa. También pueden llegar material sobrante de operaciones o productos defectuosos, con la documentación que corresponda.

2   Desubicación de las mercancías

La función de este flujo es extraer una determinada mercancía de su ubicación en el almacén, siguiendo las instrucciones de la persona o del sistema gestor. La demanda para ejecutar esta actividad puede llegar desde diferentes áreas de la empresa y requerir un tratamiento específico:

- **Producción**

  Los pedidos pueden ser de materias primas, productos semielaborados, materiales consumibles o auxiliares, recambios y documentación del archivo, entre otros. Los materiales suelen requerirse para realizar tareas del plan de producción y sus correspondientes órdenes de trabajo.

- **Preparación de pedidos**
  Los pedidos suelen ser de productos acabados, materiales auxiliares para la preparación de los mismos y recambios, con documentación necesaria para realizar las órdenes de trabajo.

- **Compras y aprovisionamiento o calidad**
  Habitualmente, son pedidos de devolución a la empresa proveedora del producto, por retorno de envases y embalajes o gestión de residuos, con la documentación archivada que pudiera requerir. La naturaleza de estos pedidos depende de la gestión de la logística inversa que se haya negociado con la empresa proveedora.

- **Otros departamentos y secciones de la empresa**
  Estas secciones suelen pedir materiales consumibles y auxiliares, recambios y documentación archivada. Asimismo, pueden solicitar la salida de los residuos generados y recibidos para una correcta gestión medioambiental. En esta categoría también se contempla la zona de expedición.

3 Ordenación del almacén

Este flujo comprende las operaciones de desubicación, manutención y nueva ubicación de las mercancías, que se llevan a cabo para reordenar el almacén siguiendo las instrucciones facilitadas por el sistema gestor o la persona responsable. Para realizarlas, es necesario emplear correctamente los recursos humanos y materiales, que serán diferentes de acuerdo con la tipología del almacén.

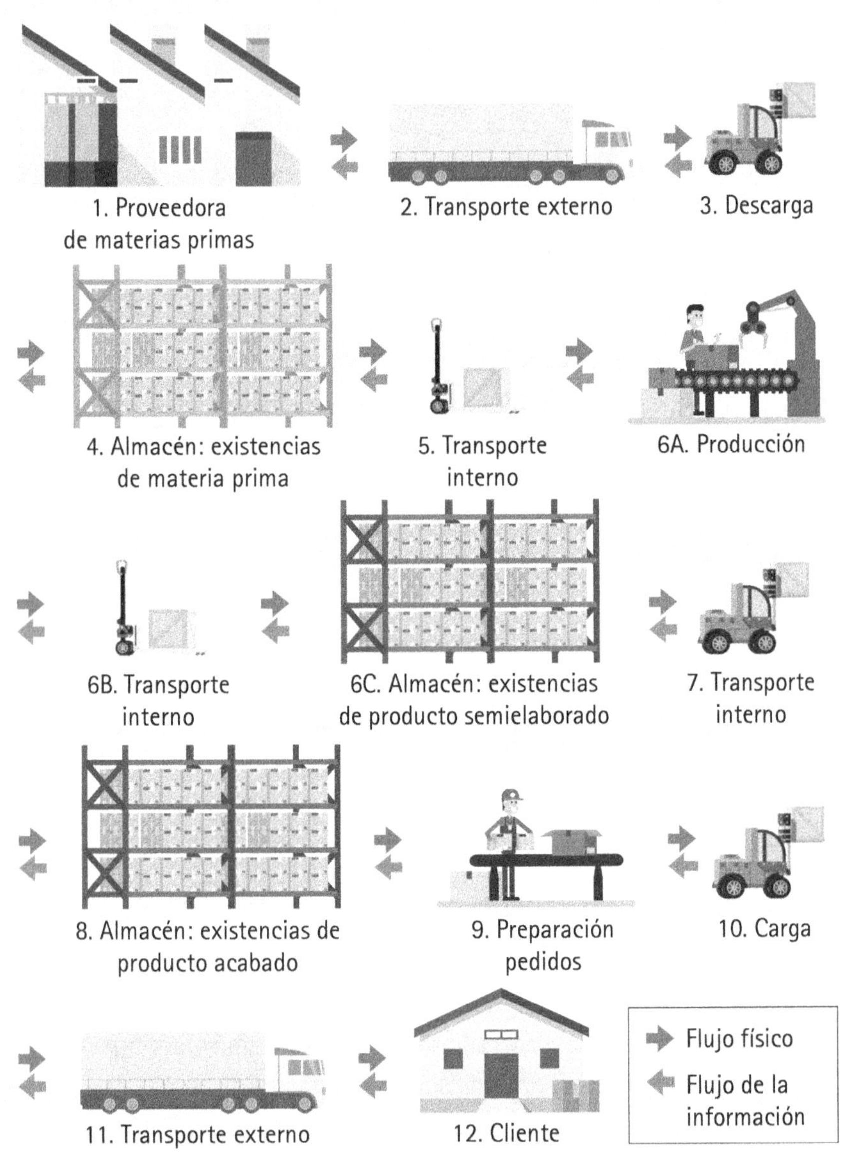

7.1. *Flujos de las mercancías en una empresa de producción, desde la empresa proveedora de materias primas hasta el almacén del cliente.*

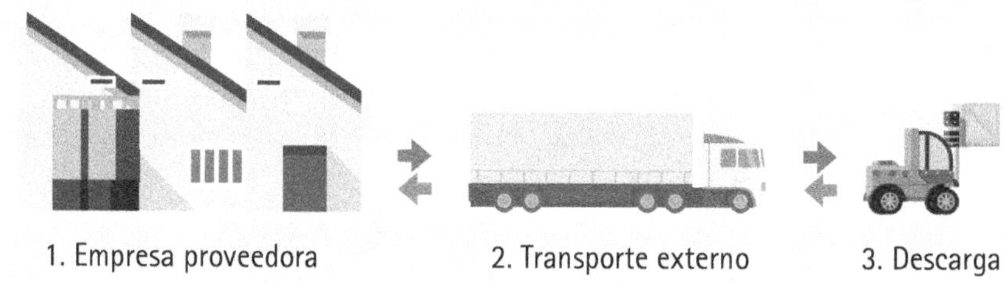

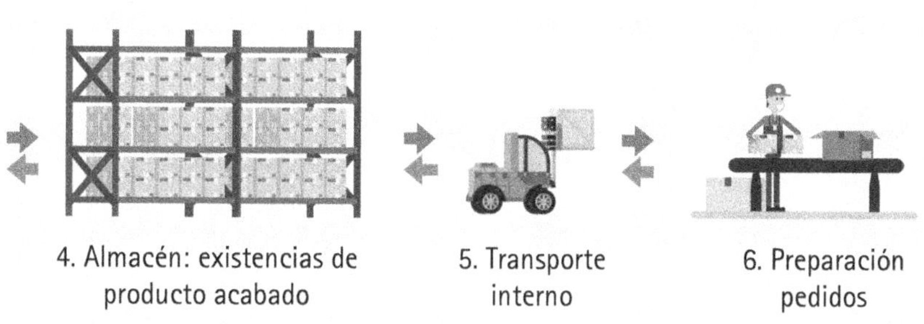

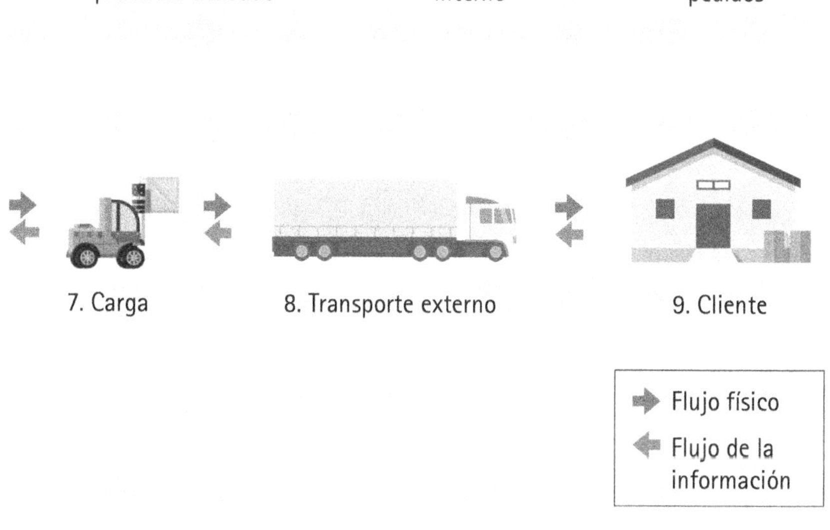

7.2. Flujos de las mercancías en una empresa comercial, desde la proveedora de productos acabados hasta el almacén del cliente.

Normalmente las operaciones para reordenar el almacén se realizan cuando hay menos carga de trabajo, momentos valle, para facilitar la gestión de los periodos de máxima actividad, los momentos pico.

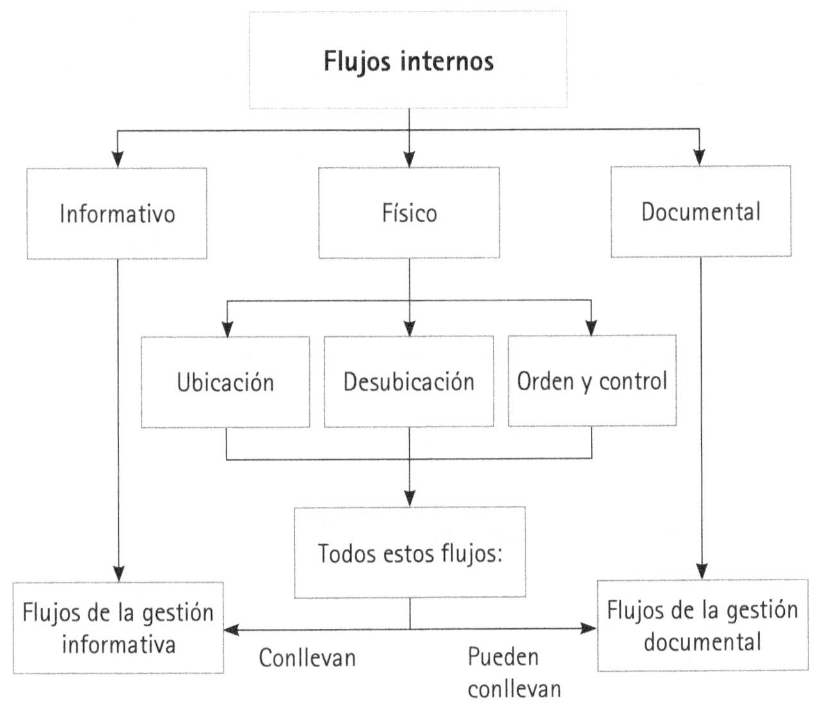

Capítulo 8
Gestión y preparación de pedidos

1 Procedimientos de preparación de pedidos

La preparación de pedidos abarca los procesos de selección, recogida, combinación, agrupación o consolidación y transporte de las mercancías que conforman el pedido de un cliente, en la cantidad y la forma indicadas. Afecta de una manera directa la productividad de la cadena logística y en muchas ocasiones se convierte en un cuello de botella en la cadena de suministros.

La preparación de pedidos normalmente conlleva la utilización intensiva de mano de obra, aunque esta se ve progresivamente reducida por la mecanización, la estandarización y la automatización de una parte importante de estos procesos, que aumentan la productividad y reducen los costos y los tiempos.

Se calcula que el peso de la preparación de pedidos supone entre el 40 y el 60 % de los costos del almacén, de ahí la importancia de gestionar y controlar de forma eficiente la operativa de la preparación de pedidos.

En la preparación de pedidos se ha de gestionar los movimientos de las personas implicadas y las mercancías, los recursos materiales y las operaciones necesarias para cumplir las necesidades del cliente.

Figura 8.1. En la gestión de la preparación de pedidos se han de tener en cuenta los movimientos de las personas y de las mercancías.

- **Movimientos de las personas**
  - Sin carga: desplazamientos en busca del producto o del material de embalaje, o retornos tras haber ubicado el producto sobrante o el material de embalaje sobrante.
  - Con carga: desplazamientos con la cantidad de producto pedida, del producto sobrante a reubicar, del material de embalaje o del material de embalaje sobrante a reubicar.

- **Movimientos de la mercancía**
  - Desubicación de la mercancía.
  - Transporte hasta el lugar de manipulación o embalaje.
  - Transporte hasta la expedición.
  - Transporte del producto no utilizado.
  - Ubicación del producto no utilizado.

- **Movimientos del material auxiliar**
  Son necesarios para el embalaje y acondicionamiento de la mercancía y del pedido, para su transporte y entrega. Conllevan:

– La desubicación.

– El transporte hasta el lugar de manipulación o embalaje.

– El transporte de retorno del material de embalaje no utilizado.

– La ubicación del embalaje no utilizado.

- **Sistemas de movimientos**
  - Sin sistemas mecánicos, realizados por las personas sin utilizar ningún medio mecánico.
  - Con sistemas mecánicos, en los que se utilizan maquinas con gestión directa de las personas, por ejemplo, carretillas elevadoras, carretillas contrapesadas, transpaletas, etc.

Figura 8.2. Carretilla recogepedidos con prestaciones automatizadas para optimizar la productividad y ofrecer seguridad en las operaciones de extracción de productos de las estanterías.

– Automáticos, mediante máquinas que funcionan sin gestión directa de las personas, por ejemplo, estanterías dinámicas, paternóster, cintas de rodillos, almacenes automáticos, transelevadores, etc.

Las técnicas o modos operativos que se utilizan en la preparación de pedidos están condicionados por la tipología del almacén, las características del producto, el número de referencias y de pedidos, así como por la normativa legal que exista:

- **Tipología del almacén:** diseño *(layout)* y segmentación del almacén así como de la zona de preparación de pedidos, los recorridos, los desplazamientos a realizar, la manutención (que puede rea-

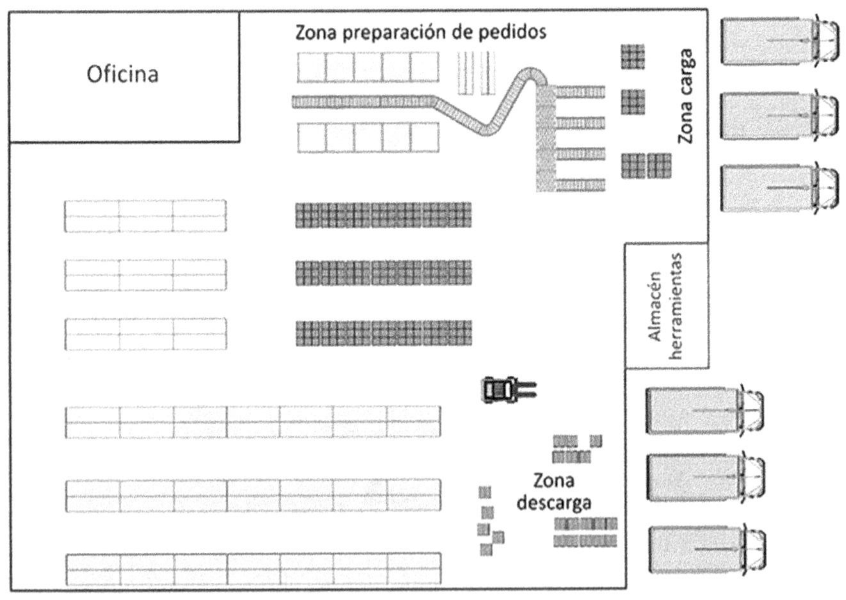

Figura 8.3. Diseño esquemático de las zonas y elementos de un almacén.

lizarse mediante transporte manual, horizontal, vertical, mixto, integrado), el tipo de estanterías utilizadas, los almacenamientos especiales y los tiempos consumidos.

- **Características del producto:** naturaleza de la mercancía, trazabilidad y caducidad (alimentación, fresco, seco, congelado, frágil, pequeño menaje, etc.), dimensiones (voluminoso, pesado, pequeño, mediano), tipo de lote (palé, caja, paquete, bolsa, unidad, embalaje). Cuanto menor sea el lote mínimo mayor complejidad.

- **Cantidad de referencias:** número de referencias almacenadas tanto operativas como inoperativas u obsoletas. A mayor número, mayor complejidad y posibilidad de errores.

- **Tipología del pedido:** cantidad de pedidos a preparar y a servir (a mayor número, más complejidad), número de líneas (a más líneas por pedido aumenta la dificultad), cantidades mínimas (ligado al tipo de lote), peso del pedido, destino, lugar de entrega, tipología del cliente y sistema de embalaje.

- **Normativa legal:** sobre la manipulación, las medidas sanitarias, las personas, el medioambiente, la seguridad, la prevención de riesgos y la preparación de pedidos en el almacén.

- **Normativas de la empresa:** prioridades, tipo de servicio, clientes o segmentos de especial atención, rutas especiales, estacionalidad, horarios de descarga de la zona, etc.

La distribución de tiempos en la preparación de pedidos, a nivel general, se puede repartir entre las diferentes tareas de tal como muestra la figura 8.4.

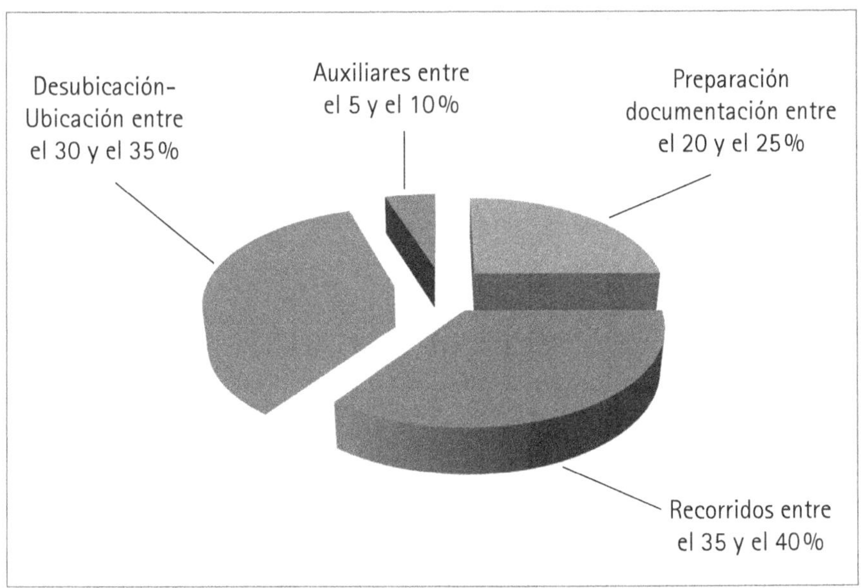

Figura 8.4. Distribución de tiempos en la preparación de pedidos.

Los porcentajes indicados en esta figura son orientativos y pueden oscilar según la empresa, pero son un referente para controlar y detectar posibles problemas en las operaciones en el almacén. Los tiempos operativos de la preparación de pedidos están formados por cuatro grandes grupos que a la vez se dividen en diferentes tareas:

- **Tiempos de la preparación de pedidos:** incluyen la preparación de la documentación, las órdenes de trabajo y los listados de la fase previa a la extracción de mercancías (pre-*picking*) y de la preparación de pedidos.

- **Tiempos de los recorridos:** comprenden los recorridos de las personas, ya sea con mercancía o sin ella; en los sistemas automáti-

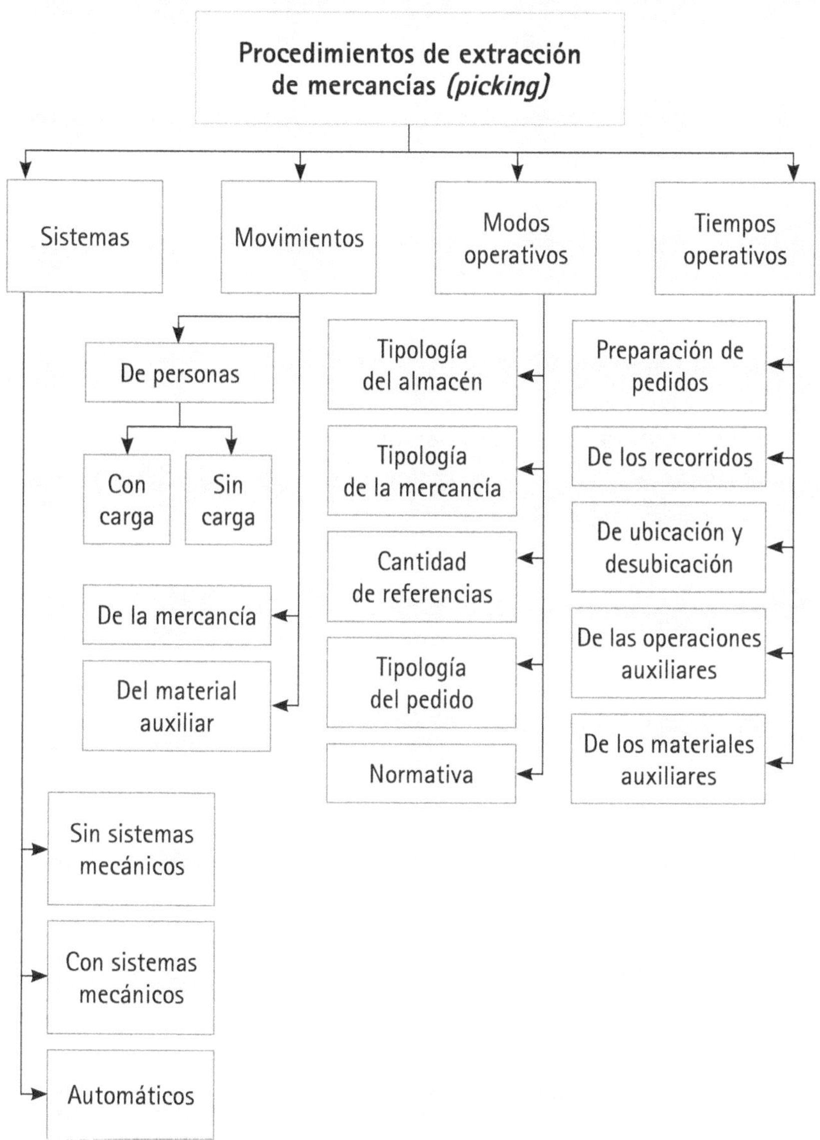

Procedimientos de extracción de mercancías (picking)
Sistemas
Movimientos
Modos operativos
Tiempos operativos
De personas
Con carga
Sin carga
De la mercancía
Del material auxiliar
Sin sistemas mecánicos
Con sistemas mecánicos
Automáticos
Tipología del almacén
Tipología de la mercancía
Cantidad de referencias
Tipología del pedido
Normativa
Preparación de pedidos
De los recorridos
De ubicación y desubicación
De las operaciones auxiliares
De los materiales auxiliares

cos, son los tiempos que se necesitan para que la mercancía vaya de un sitio a otro.

- **Tiempos de la ubicación y desubicación:** incluyen la ubicación y la desubicación de las mercancías necesarias para la preparación de pedidos dentro del almacén, su posicionamiento en la zona de preparación de pedidos y la retirada y posterior reubicación de la mercancía sobrante en el almacén.

- **Tiempos de las operaciones auxiliares:** comprenden la lectura de documentos, anotaciones, conteos y todas aquellas operaciones administrativas necesarias para la preparación de los pedidos.

- **Tiempos para los materiales auxiliares:** incluyen la preparación de todo el material auxiliar necesario para la realización de la preparación de pedidos.

La zona de preparación de pedidos tendrá que ser la adecuada para la tipología de la mercancía y estar zonificada para cumplir la reglamentación y normativa pertinentes, de la misma manera y con los mismos requisitos y cuidados que en los almacenes.

Capítulo 9

Acondicionamiento y preparación última del pedido

La preparación de pedidos engloba su recepción, la gestión para extraer las mercancías del almacén, la preparación propiamente dicha y el acondicionamiento para su envío, operaciones que lleva a cabo una persona o un equipo de personas dentro del almacén. En los almacenes con sistemáticas manuales y una baja inversión de capital estas actividades son las que requieren más personal. El extremo opuesto son los almacenes con sistemáticas totalmente automatizadas. A medida que se automatizan estas actividades se reduce la necesidad de recursos humanos, pero aumenta la inversión de capital. Como media, el 55 % de los costos operativos de un almacén se dedican a la preparación de pedidos.

1 Recepción de pedidos

La compra de los productos por parte de los clientes normalmente se realiza mediante el pedido, que puede llegar a la empresa de diferentes formas, dependiendo de la tipología del cliente.

- **Cliente externo**
  - Cliente final directo: utiliza o consume el producto, normalmente muy pocas unidades. La cantidad habitual de compra es la unidad del producto o servicio en sí.

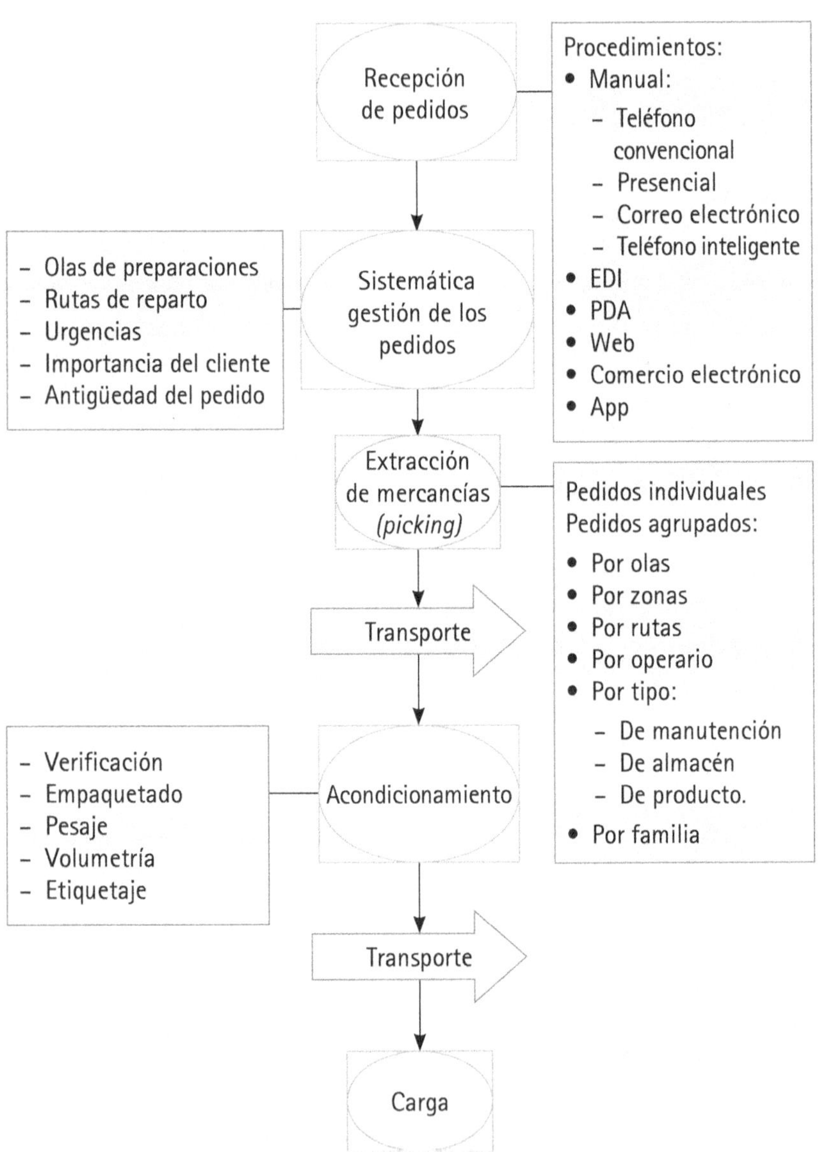
Recepción de pedidos
Procedimientos:
• Manual:
– Teléfono convencional
– Presencial
– Correo electrónico
– Teléfono inteligente
• EDI
• PDA
• Web
• Comercio electrónico
• App
– Olas de preparaciones
– Rutas de reparto
– Urgencias
– Importancia del cliente
– Antigüedad del pedido
Sistemática gestión de los pedidos
Extracción de mercancías (picking)
Pedidos individuales
Pedidos agrupados:
• Por olas
• Por zonas
• Por rutas
• Por operario
• Por tipo:
– De manutención
– De almacén
– De producto.
• Por familia
Transporte
– Verificación
– Empaquetado
– Pesaje
– Volumetría
– Etiquetaje
Acondicionamiento
Transporte
Carga

- Cliente del canal comercial (minorista): compra cantidades superiores al cliente final. La unidad que se utiliza habitualmente en las compras son las cajas.
  - Cliente del canal mayorista: compra normalmente cantidades superiores al cliente del canal comercial. La unidad de compra que se utiliza en los pedidos son los medios palés o los palés enteros de un producto.
  - Cliente del canal distribuidor: compra cantidades superiores al anterior, varios palés enteros de un mismo producto o referencia. En algunas organizaciones este cliente puede ser interno.

- **Cliente interno**
  - Cliente de montaje: demanda habitualmente cantidades exactas (sobre todo cuando trabaja con sistemas JIT *(just in time* o justo a tiempo), que utiliza para montar otros productos. Cuando se trata de materiales auxiliares, las cantidades son superiores para evitar paros en la cadena. En algunos casos este cliente puede ser externo, por ejemplo, en el sector de la automoción.
  - Cliente de producción: compra cantidades ajustadas para fabricar otros productos diferentes. Normalmente son pedidos de materia prima y materiales auxiliares.
  - Cliente de autoconsumo (interno): normalmente compra cantidades pequeñas que utilizará en el quehacer diario del funcionamiento de la empresa, por ejemplo, materiales de oficina o materiales auxiliares de producción o logística.

La preparación de pedidos está condicionada por la tipología de los productos o servicios que el cliente demanda, los diferentes productos que puedan conformar el pedido, las cantidades demandadas, la prioridad, la tipología del embalaje y el destino (cliente final, canal comercial o mayorista, o distribuidor; para montaje, producción o autoconsumo de la propia empresa).

La preparación de pedidos constituye un flujo dentro de la empresa que empieza cuando el cliente necesita el producto o servicio que aquella tiene o produce. A partir de esa necesidad, el cliente hace su pedido mediante los sistemas de comunicación prefijados, como pueden ser:

- **De manera presencial**

  El comercial de la empresa o la persona que recoge los pedidos se desplaza hasta el cliente o bien este se desplaza hasta la empresa. En este caso se necesitarán otras formas de comunicación para completar el trámite del pedido, ya sea la escrita, la telefónica o la vía informática y telemática.

- **Por escrito**

  Se utiliza un sistema de anotaciones o bloc de pedidos de la empresa, y opcionalmente el catálogo de productos. Esta forma de comunicación muchas veces alarga los tiempos, ya que el pedido no se transmite a la empresa en tiempo real, sino en el momento en que se envía a través del teléfono o por correo electrónico, o se entrega a la empresa en mano. Puede dar lugar a errores y malentendidos, y en muchos casos queda a expensas de la apreciación de las personas en las siguientes fases de la preparación de pedidos. Se puede realizar de dos formas diferentes:

  - El documento escrito por el cliente, el comercial, el repartidor o la persona que recoge pedidos, que se utiliza durante todo el proceso de preparación de pedidos.
  - Cuando el documento escrito llega a la empresa, en el formato que se transmita, se introduce en el sistema de gestión los pedidos.

  Es un sistema lento y puede generar errores en el resto de las operaciones, lo que puede obligar a repetir la preparación del pedido y su distribución, y da como resultado un servicio deficiente. Todo esto hace que los costos se eleven y que los clientes estén descontentos.

- **Por teléfono**

  Se utiliza el teléfono fijo o móvil para comunicar directamente con la empresa, a través de una persona del área comercial o de un centro de llamadas *(call center)*. El pedido no se transmite en tiempo real, pero es un sistema de comunicación más rápido que el escrito, ya que no hay que esperar a que el documento llegue a la empresa. No obstante, los problemas en el canal de comunicación (por ejemplo, en cobertura telefónica) pueden dar lugar a errores o malentendidos, que generen un incremento de los costos y un servicio deficiente.

- **Por vía informática**

  En la sociedad digital, los clientes pueden ser personas expertas en la utilización de recursos tecnológicos que permiten nuevas formas de captación y realización de los pedidos, incrementando la automatización de la gestión, una mayor agilidad del servicio y un acortamiento de los tempos de entrega.

  El pedido puede transmitirse a través del correo electrónico, el programa interno de la empresa, la web o una aplicación informática destinada a facilitar el comercio electrónico, utilizando un teléfono inteligente *(smartphone)*, una tableta, un PDA *(personal digital assistant* o asistente digital personal), un ordenador portátil, o aplicaciones que incluyan el intercambio electrónico de datos *(electronic data interchange* o EDI) u otros sistemas.

  Con transmisión inmediata, en tiempo real o de manera retardada, los errores del canal quedan minimizados al reducirse las posibles interpretaciones por parte de las personas participantes en la preparación de pedidos. Una de las ventajas de estos sistemas es que la información es la misma durante todo el proceso de preparación de pedidos. Necesitan apoyarse en programas como los sistemas de gestión corporativa *(enterprise resource planning* o ERP) o los sistemas de gestión del almacén o SGA *(warehouse management system* o WMS), así como en la conexión a internet y las redes inalámbricas. La utilización de sistemas integrados ERP y SGA facilita la tarea de las personas encargadas de recoger pedidos y la de los equipos comerciales, al disponer de la información real en el preciso instante que la necesitan. De esta manera pueden saber si hay disponibilidad de existencias de una mercancía determinada para poder ofrecer soluciones o productos alternativos al cliente. Estos sistemas implican un cambio de la gestión tradicional de la preparación de pedidos a una gestión por objetivos y de flujos. Con estos sistemas y una gestión adecuada, aumenta la productividad y mejora sustancialmente el servicio al cliente al reducirse los errores tanto en la preparación como en la distribución, lo que significa mayor capacidad y menor costo.

Es importante estandarizar los sistemas de comunicación y automatizarlos al máximo, con sistemas antierror, para evitar y minimizar los

Figura 9.1 A medida que se automatizan las actividades del almacén se reduce la necesidad de recursos humanos para la preparación de pedidos.

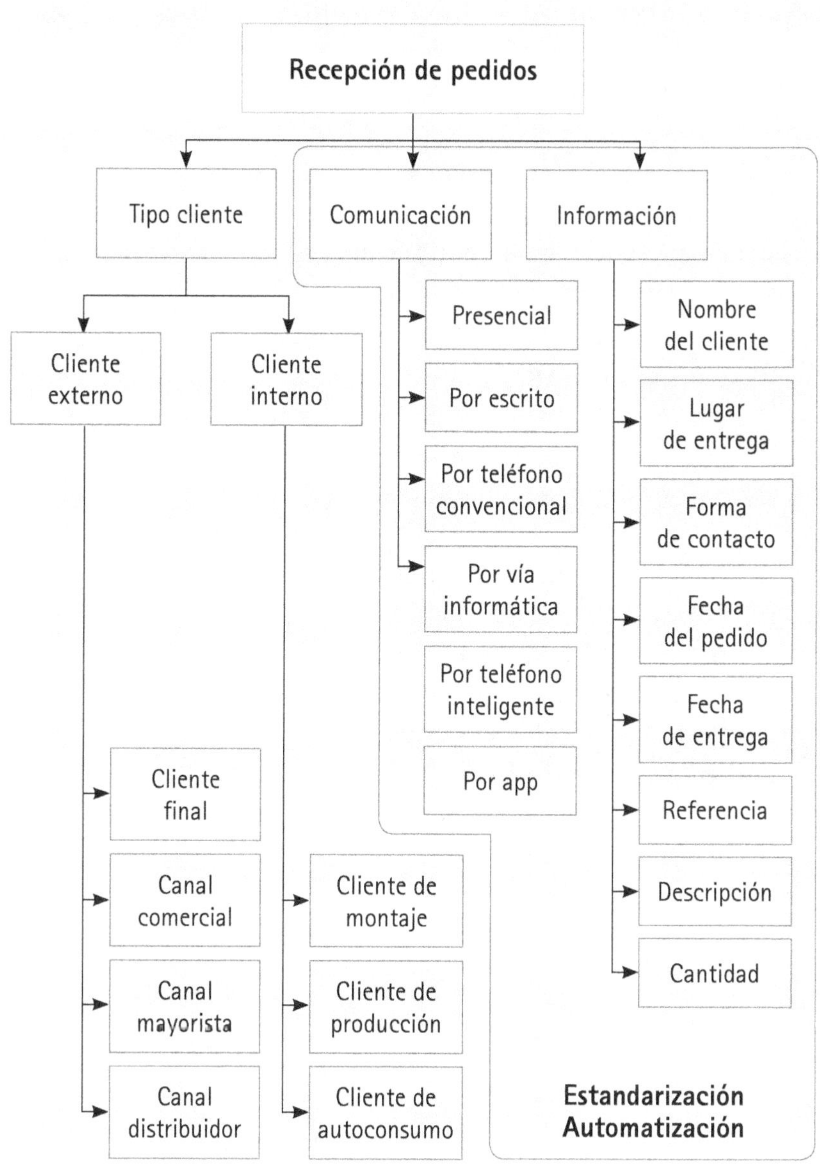

Recepción de pedidos
Tipo cliente
Comunicación
Información
Cliente externo
Cliente interno
Presencial
Por escrito
Por teléfono convencional
Por vía informática
Por teléfono inteligente
Por app
Nombre del cliente
Lugar de entrega
Forma de contacto
Fecha del pedido
Fecha de entrega
Referencia
Descripción
Cantidad
Cliente final
Canal comercial
Canal mayorista
Canal distribuidor
Cliente de montaje
Cliente de producción
Cliente de autoconsumo
Estandarización
Automatización

problemas de comunicación provocados tanto por el propio canal y por cortes o interferencias, como por la omisión, el error o el descuido del emisor o del receptor. Por los mismos motivos, ha de estar estandarizada y automatizada la información que el pedido haya de contener: nombre del cliente, ya sea persona o empresa, lugar de entrega, forma de contacto, fecha del pedido y de la entrega, referencia y descripción de los productos o servicios, cantidades de los mismos y cualquiera otra información que pudiera ser relevante por la tipología o las características del producto o servicio. La estandarización y la automatización de los sistemas y de la información facilitan la integración de los pedidos en el sistema informático de la empresa, lo que permite planificar y programar su preparación.

2   Sistemática de la gestión de pedidos

La sistemática de la gestión de pedidos que se deba aplicar dependerá de diferentes factores de la empresa, como: su política comercial (por ejemplo, servicio en 24 horas), el personal de que disponga para la preparación de pedidos, el sistema de transporte, el acondicionamiento y la carga, los recursos materiales disponibles, la tipología de las mercancías, el cliente y el pedido. Dependiendo de los diferentes factores de la empresa, se utilizará alguna de las siguientes sistemáticas:

- **Por olas de preparaciones**
  Se marca un corte en la recepción de los pedidos y a partir de ese momento y hasta el siguiente corte se preparan todos los pedidos recibidos. Las olas de preparaciones, ya sean una, dos, tres o más al día, vendrán marcadas por los factores indicados anteriormente. Los tiempos entre una y otra no han de ser iguales, sino que dependerán de la carga de pedidos recibidos y de los recursos disponibles en cada momento. En este sistema es importante saber

cuándo son mayores los flujos en la recepción de pedidos, ya que las cargas de trabajo en su preparación pueden ser sustancialmente diferentes entre una y otra ola, por lo que será necesario planificar de forma correcta las necesidades de personas y recursos materiales en cada una de ellas.

- **Por rutas de reparto**

  Este sistema, al igual que el anterior, es muy utilizado por las empresas. Se preparan los pedidos, en primer lugar, según la ruta de reparto asignada y, a continuación, en función de los factores de la empresa que se han apuntado anteriormente y también de las horas de salida de las diferentes rutas. Para gestionar correctamente los pedidos, se necesita información de las rutas: las horas de salidas y el orden de entrega para facilitar la tarea del reparto y reducir errores.

- **Por urgencias**

  Esta sistemática es la más complicada de gestionar. Todas las partes, la empresa y los clientes, han de tener claro que se ha de utilizar solo para casos especiales y nunca de manera general. Es importante planificar muy bien el resto de las tareas, desde la recepción hasta la carga, normalmente con sistemas de apoyo informático, por ejemplo, programas de planificación, para visualizar de forma rápida y eficiente cómo encajar la urgencia y cómo repercutirá en el resto de los pedidos no urgentes, en las personas y en los recursos materiales a utilizar. Incluso puede disponerse de un vehículo con una persona capacitada para llevar a cabo el reparto de las urgencias.

- **Por la importancia del cliente**

  Se utiliza el ABC de clientes, normalmente por facturación, para priorizar la preparación de pedidos según su orden. No es un sis-

Figura 9.2. Los recursos técnicos disponibles influirán también en la sistemática de gestión de pedidos elegida.

tema muy utilizado por la dificultad de ejecución que conlleva. En este caso el departamento comercial ha de facilitar la información de los clientes, como su facturación, en forma de ABC.

A partir de ella se ordenan los pedidos a preparar por orden del ABC, siendo el primero el de mayor importancia del listado.

- **Por antigüedad del pedido**
  Para poner en práctica esta sistemática, los pedidos han de estar marcados con la fecha de llegada y se ordenan de manera que el que corresponda a la fecha más lejana de llegada sea el primero a preparar.

Normalmente las empresas y las organizaciones utilizan un conjunto de sistemáticas. Por ejemplo, se puede aplicar una sistemática por olas de preparaciones, y trabajar dentro de cada ola por rutas de reparto, por la importancia del cliente o por la antigüedad del pedido, y cu-

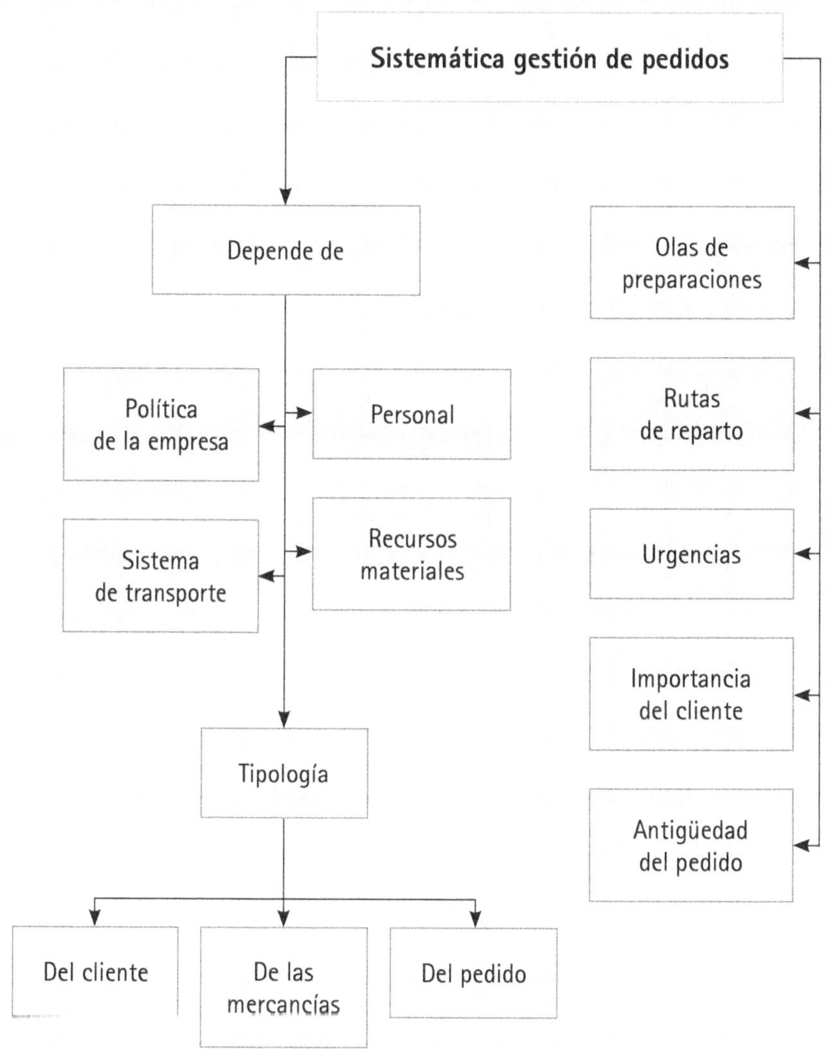

Sistemática gestión de pedidos
Depende de
Olas de preparaciones
Política de la empresa
Personal
Rutas de reparto
Sistema de transporte
Recursos materiales
Urgencias
Importancia del cliente
Tipología
Antigüedad del pedido
Del cliente
De las mercancías
Del pedido

brir las posibles urgencias. También es posible utilizar una sistemática de rutas de reparto y trabajar dentro de cada una de ellas por olas, por la importancia del cliente o por la antigüedad del pedido, y cubrir las posibles urgencias.

3 Preparación de pedidos

Se trata de colocar en una caja o un recipiente las mercancías indicadas en el pedido para su posterior envío al cliente. La preparación de pedidos incluye diferentes operaciones :

- **Desplazamientos**
  Se incluyen aquí los desplazamientos de las mercancías y de las personas que preparan los pedidos. Las mercancías se pueden desplazar de manera manual, automática o mediante una combinación de las dos. Los desplazamientos, sobre todo de las personas, son la operación que mayor tiempo consume. Una reducción de los tiempos aumenta sensiblemente la productividad.

- **Búsqueda de la ubicación y de la mercancía**
  Se trata de llegar hasta las ubicaciones de las mercancías que se han de preparar, ya sea de forma manual (persona a producto) o automática (producto a la persona). Esta operación es la segunda que consume más tiempo.

- **Selección de las mercancías**
  Se extraen las mercancías pedidas de la ubicación indicada y se colocan en cajas, cintas transportadoras, palés, etc. para preparar el envío. Esta tarea es la tercera que consume más tiempo por persona en todo el proceso.

- **Preparación**

  Una vez se han recogido y seleccionado las mercancías en las cantidades establecidas por el pedido, se preparan para su envío. Esta operación incluye el embalaje del pedido (en cajas, cubetas, bandejas, palés, sacos, palés rodantes o *rolls-tainers*, paquetes o contenedores), el enfardado, el etiquetaje, el pesaje y la volumetría.

- **Otras operaciones**

  Se preparan los albaranes y toda la documentación necesaria para su transporte hasta el cliente, y se hacen las comprobaciones finales. Hay que gestionar la documentación de los pedidos o mercancías especiales con protocolos específicos. Se han de realizar los preparativos para el correcto transporte tanto de los pedidos normales como de los de mercancías especiales.

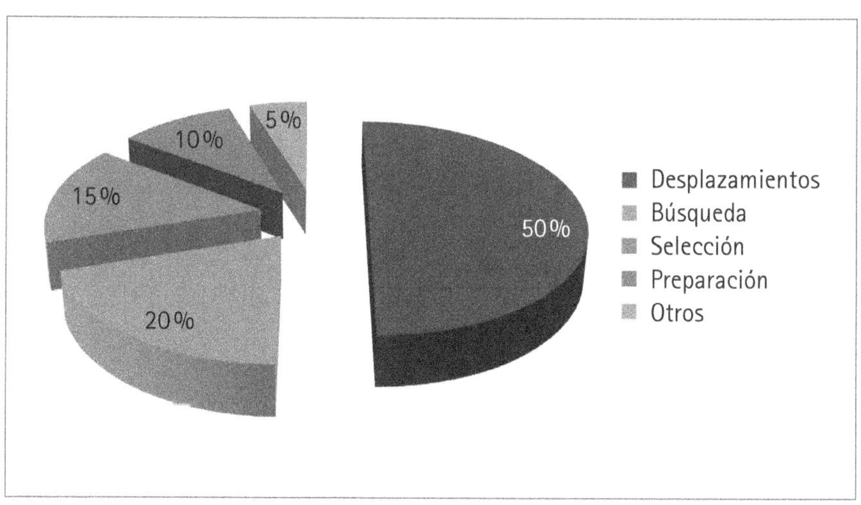

Figura 9.3. Distribución del tiempo de las personas en la preparación de pedidos.

Existen diferentes sistemáticas para realizar la preparación de pedidos:

- **Pedidos individuales**

  Se realiza la preparación pedido a pedido, de manera que no se empieza el segundo pedido hasta completar el primero, a no ser que se dé por finalizado o suspendido por no disponer de la mercancía o de la cantidad indicada. Este sistema generalmente utiliza la preparación de pedidos persona al producto. Se puede emplear en almacenes pequeños, normalmente manuales, no en medianos y grandes, donde los tiempos de desplazamiento se alargan mucho.

- **Pedidos agrupados**

  Se realiza un grupaje, una unión de las líneas de los diferentes pedidos con las mismas referencias o mercancías, y a la vez por tipo de manutención, por almacén, por operario, por rutas o por zonas. En algunas empresas esta sistemática también se le llama pre-*picking*, ya que primero se agrupan las cantidades de cada referencia para después hacer una desagrupación por pedido. Se utiliza tanto en los sistemas de preparación de pedidos de persona al producto como de producto a persona, así como en todo tipo de almacén, ya sea grande, mediano o pequeño. Este sistema funciona perfectamente en almacenes automáticos, semiautomáticos y manuales. Los pedidos agrupados pueden prepararse de diferentes formas:

  - **Por olas:** se realizan diferentes cortes durante el día, normalmente preestablecidos, y se preparan los pedidos que hasta ese momento hayan entrado. Una de sus ventajas es la posibilidad de tener variabilidad en las olas dependiendo del día, la semana, el mes, el trimestre o el semestre, por ejemplo, siempre de manera planificada y teniendo en cuenta los antecedentes que se hayan producido. Es moldeable a las necesidades, pero siempre con planificación y con sistemas informáticos de apoyo.

- **Por rutas:** se separan los pedidos por ruta de reparto asignada anteriormente, siguiendo las políticas marcadas por la empresa. Se tendrán presentes las horas de salidas del reparto para organizar la preparación de las diferentes rutas, que se ha de organizar teniendo en cuenta el orden de reparto y la forma de carga de los vehículos.

- **Por zonas:** se divide de forma virtual, no física, el almacén o los almacenes por zonas; es lo que se denomina zonificación del almacén. Para ello, las personas implicadas en la preparación de pedidos deben trabajar también por zonas. Las líneas de los pedidos se dividirán siguiendo la zonificación de la ubicación de las mercancías. Esto puede exigir una tarea de agrupación de cada pedido, aunque en algunos casos pueda enviarse al cliente de forma separada. Normalmente se utilizan sistemáticas de persona al producto al zonificar los almacenes.

- **Por operario:** es una sistemática muy parecida a la de zonas. Por lo general, los pedidos se reparten, ya sea de manera manual o con sistemas informáticos automatizados, entre las personas que han de prepararlos. Ese reparto se puede realizar de diferentes formas, por ejemplo, teniendo en cuenta las capacidades, las habilidades, la experiencia y la productividad de las personas que han de realizar la tarea de preparación de pedidos. También se puede hacer de manera aleatoria.

- **Por tipo de manutención:** es decir, según la tipología de la maquinaria a utilizar en la preparación de pedidos.

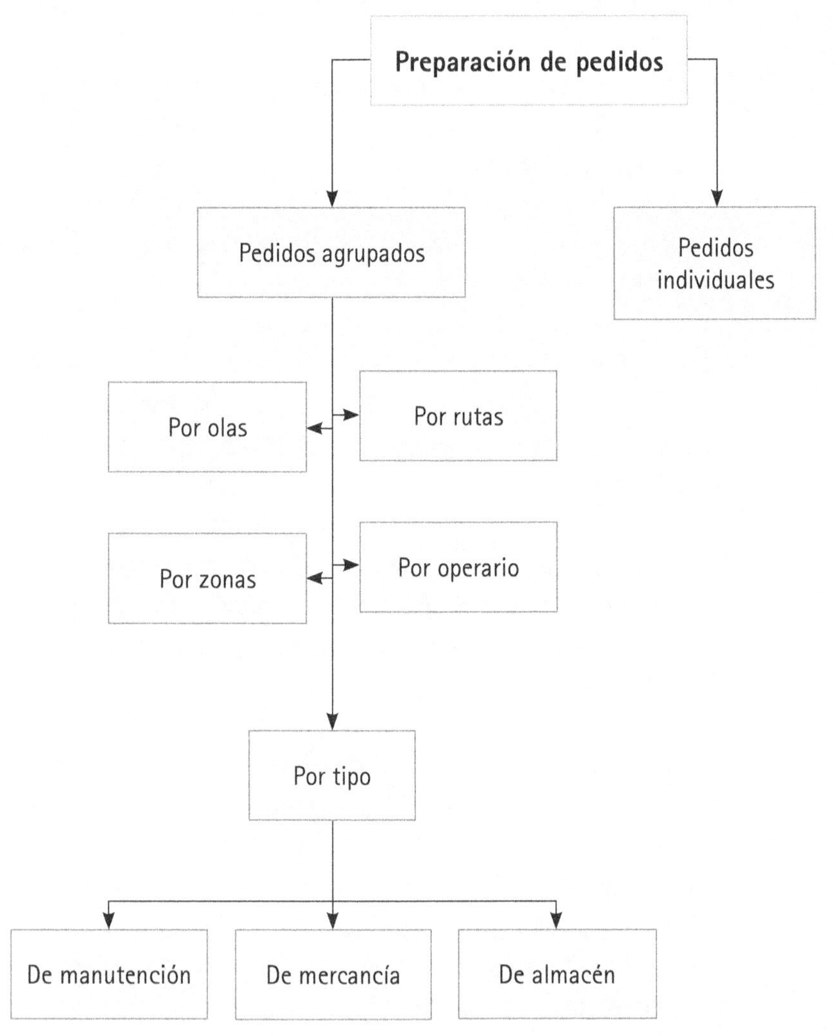

Preparación de pedidos
Pedidos agrupados
Pedidos individuales
Por olas
Por rutas
Por zonas
Por operario
Por tipo
De manutención
De mercancía
De almacén

- **Por tipo de almacén:** la tipología del almacén habitualmente está ligada a la de la maquinaria, y normalmente tendrá necesidades diferentes de personas y recursos. Por ejemplo, una empresa de distribución de productos para ferretería tendrán diferentes sistemas de almacenaje y de preparación de pedidos, dependiendo del producto: maquinaria, electrodomésticos, menaje, tornillería, etc.

- **Por tipo de mercancía:** dependiendo del tipo de mercancía habrá diferentes tipologías de almacenaje y sistemática. Por ejemplo, las empresas distribuidoras de productos alimentarios para el canal horeca, donde las necesidades de los congelados son diferentes a los de los productos secos, en cuanto a los recursos humanos y materiales necesarios, e incluso de transporte hasta el cliente.

4   Transporte interno

En todo este proceso se necesita transportar las mercancías: desde el almacén hasta la zona de preparación de pedidos, desde esta a la zona de acondicionamiento, desde aquí hasta la playa de carga, y por último desde esta al vehículo. El transporte de la mercancía en la preparación de pedidos puede ser:

- **Totalmente manual**
  Las personas implicadas transportan el producto con sus manos. Según la normativa de riesgos laborales y seguridad, los expertos consideran aceptable manipular una masa máxima de 25 kg para los hombres y 15 kg para las mujeres, en un recorrido máximo de 30 m de distancia.

- **Mediante sistemas mecánicos**

  Las maquinas guiadas o conducidas por personas (transpaleta, carretilla elevadora, preparadora de pedidos, etc.) facilitan el transporte de la mercancía. Con estos sistemas la capacidad y el recorrido de transporte aumentan, de manera que se pueden adaptar a las necesidades de la empresa.

- **Automático**

  El transporte de la mercancía se realiza sin la intervención de personas. Con este sistema la capacidad y recorrido de transporte se adapta a las necesidades de la empresa, pero su costo puede ser elevado.

El tipo de transporte a utilizar dependerá de las características de la mercancía, la tipología del almacén, la cantidad de pedidos a preparar, la cantidad de líneas por pedido, la cantidad por línea y el costo de los medios que llevan a cabo el transporte, tanto humanos como de la maquinaria. Habitualmente, en las empresas conviven diferentes sistemas de transporte de mercancía.

Conceptos clave: transporte interno

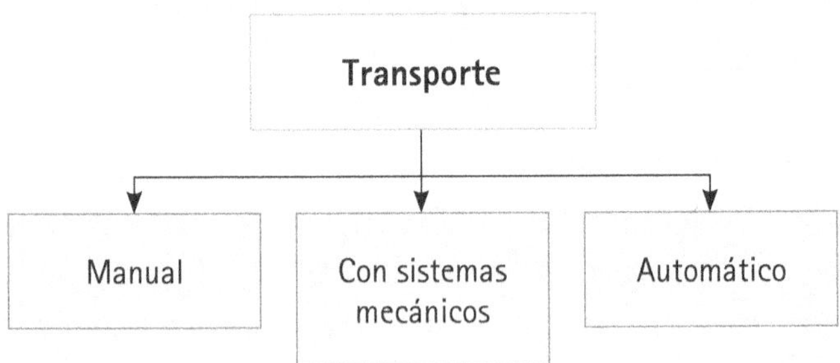

5   Acondicionamiento

El acondicionamiento es una de las últimas operaciones de la preparación de pedidos y su función principal es preparar los productos para su transporte hasta el cliente. El acondicionamiento conlleva las siguientes tareas:

- **Verificación de lo preparado** respecto al pedido y su correspondiente albarán de salida: mercancías demandadas correctas, cantidades correctas, caducidades, fechas de consumo preferente, que cumplan las normativas y leyes aplicables en cada caso, según el país, el producto y destinatario, etc.

- **Verificación rápida y visual del embalaje,** el empaquetado y el etiquetado.

- **Empaquetado de las mercancías** del pedido de forma que se proteja y se garantice su llegada al cliente en las condiciones óptimas, ocupen el menor espacio posible, estén unidas e identificadas para facilitar la distribución y entrega, y cumplan las normativas aplicables en cada caso, según el país, producto y destinatario.

- **Pesaje de la mercancía y del empaquetado,** para facilitar el control de existencias, e informar de la tipología y costo del transporte; por ejemplo, si puede realizarse con una furgoneta o un camión pequeño, o se necesita uno de mayor tonelaje. En los casos de grupaje, el peso y la volumetría son importantes para conocer el costo.

- **Volumetría de la mercancía y del empaquetado,** para facilitar el control de existencias y el espacio, e informar de la tipología y el costo del transporte.

- **Etiquetaje del embalaje unitario de la mercancía** y del embalaje global del pedido. Normalmente, las normativas legales obligan a etiquetar los productos justo después de su fabricación y envasado unitario. En otros casos el etiquetaje se realiza a la entrada de la empresa para gestionar y controlar la mercancía de forma correcta durante los procesos siguientes. El etiquetaje unitario está regulado en cada país mediante normas que indican los datos mínimos que ha de contener la etiqueta. También facilita la gestión de la mercancía y de las operaciones subsiguientes dentro de la cadena logística, utilizando, por ejemplo, los códigos de barras como GTIN-13 para el unitario y los códigos GTIN-14 y GS1-128 para la gestión de la cadena.

Figura 9.4. En las últimas fases de preparación, los productos se acondicionan para su transporte hasta el cliente empaquetándolos, verificando y etiquetando el embalaje, etc.

   FLUJOS DE MERCANCÍAS EN EL ALMACÉN

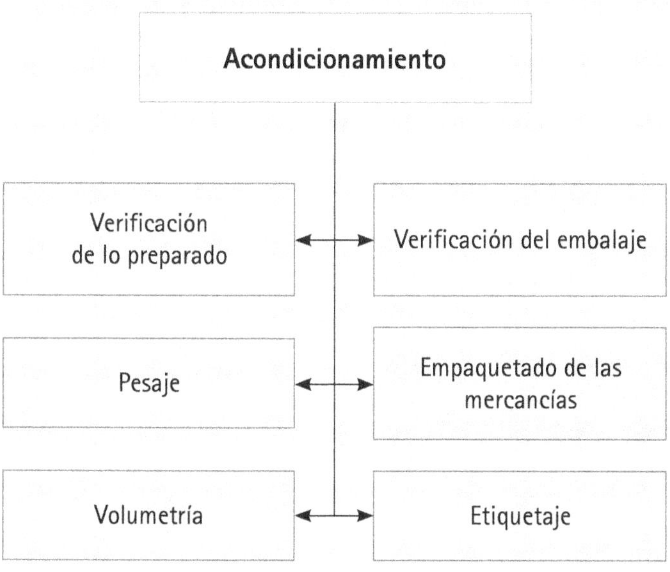

6   Carga

Es la última operación de la preparación de pedidos antes de que la mercancía sea remitida al cliente. Las tareas a realizar son:

- **Verificar que el vehículo** o la unidad de transporte de carga (contenedor, caja móvil, vagón de mercancías o semirremolque) sea adecuado para el transporte de la mercancía. Por ejemplo, si se ha de transportar productos congelados, verificar que el vehículo esté equipado con la maquinaria para mantener la temperatura requerida y que esta funcione.

- **Ubicar los pedidos** preparados dentro del vehículo o unidad de transporte de carga, teniendo en cuenta el reparto del peso para equilibrar el transporte, sin sobrepasar las normativas sobre la masa máxima autorizada.

- **Tener cumplimentada la documentación** necesaria, como puede ser el albarán, carta de porte CMR u otro documento de transporte, factura, etc.

- **Entregar la documentación al transportista** o repartidor una vez cargados los pedidos y que este firme los mismos para que haya constancia de la entrega efectiva.

Capítulo 10
Salida de las mercancías

Las salidas de mercancía del almacén pueden cumplir diferentes finalidades, con frecuencia determinadas por la tipología del propio almacén (de materias primas, producto acabado, material auxiliar, etc.). También influirá si la salida responde a la demanda de un cliente interno o externo, ya que pueden ser diferentes el procedimiento, la documentación o la cantidad, por ejemplo. Dependiendo del tamaño y del tipo de almacén, las operaciones de salida pueden ser llevadas a cabo por las mismas personas y los recursos materiales que los utilizados en las de entrada y en los movimientos internos.

Según la función de la mercancía almacenada, los principales tipos de salidas del almacén pueden clasificarse en:

- **Materias primas**
  Normalmente son materiales o productos que se utilizan para elaborar otros productos en el área de producción. Si esta se encuentra dentro de la empresa se considera cliente interno, en caso contrario acostumbra a tratarse como cliente externo.

- **Producto acabado**
  Se utiliza para la preparación de pedidos destinados a satisfacer las necesidades de los clientes. En algunos casos, el producto acabado puede salir directamente hacia expediciones, venta directa o el departamento comercial, con lo que serían salidas para un

Figura 10.1. En algunos almacenes, las operaciones de salida pueden realizarlas las mismas personas y maquinaria que se ocupan de las de entrada.

cliente interno. También puede estar externalizada su distribución, con lo cual se destinaría a un cliente externo.

- **Materiales auxiliares**
  Normalmente se trata de salidas hacia los diferentes departamentos de la empresa como producción, preparación de pedidos, administración, etc. También pueden estar destinadas a clientes externos en el caso de haberse externalizado algunos procesos, por ejemplo, empresas de montaje, operadores logísticos o empresas auxiliares.

- **Producto semielaborado**
  Estos productos van dirigidos normalmente hacia los departamentos de producción o montaje, donde se convertirán en productos acabados. En el caso de que los procesos de producción final estén externalizados se consideran clientes externos, y en caso contrario, clientes internos.

- **Logística inversa**

  Son las salidas relacionadas con el reciclaje, la destrucción o la devolución de productos o materiales obsoletos, defectuosos, caducados o incorrectamente embalados.

  Estas salidas son habitualmente demandadas por los departamentos de compras, aprovisionamiento, calidad o el comercial. Puede tener diferentes destinos, como la devolución a la empresa proveedora, o a empresas especializadas que gestionan las operaciones de reciclaje, reutilización o destrucción.

Cada una de las salidas indicadas sigue un procedimiento que se inicia con la orden de trabajo del departamento correspondiente o un pedido del cliente, con la información del destino. Cualquier movimiento de salida de la mercancía que se realice en el almacén ha de tener como origen una orden de trabajo o un pedido.

Las ordenes de salida de las devoluciones de producto son emitidas por compras, aprovisionamiento y, en casos especiales, desde gerencia. Tienen como destino el proveedor.

Figura 10.2. La salida de mercancías implica desubicarlas de su lugar de almacenaje y transportarlas al sitio designado.

La salida de productos o mercancía del almacén incluye las siguientes operaciones, por orden de ejecución:

- Identificar el producto y su ubicación en el almacén.
- Determinar qué máquina se utilizará así como la mejor ruta.
- Poner en marcha la máquina y hacer el recorrido hasta la ubicación del producto.
- Desubicar la mercancía de su lugar de almacenaje llevando a cabo un control de la misma para confirmar que es la deseada.
- Transportar el producto desde su ubicación hasta el lugar designado, por ejemplo, las áreas de producción, de preparación de pedidos, de expedición u otro departamento de la empresa.
- Ubicar la mercancía en el lugar y de la manera que corresponda para facilitar y agilizar la siguiente tarea, siguiendo las indicaciones del área receptora de la mercancía, con el fin de evitar movimientos innecesarios de la misma.
- Informar al sistema de gestión de la salida de la mercancía del almacén y de su ubicación o destino final.

Si se utilizan sistemas de gestión en tiempo real, la última tarea, la información, se realizará en cada uno de los movimientos anteriores, para facilitar la gestión y el control.

+i

- Para las **entradas de mercancías** en el almacén, se necesita un pedido del departamento de compras o aprovisionamiento que debe ser confirmado con la recepción de la mercancía.
- Para los **movimientos internos**, se necesita una orden de trabajo que indique la tarea a realizar y que será confirmada una vez realizada.
- Para las **salidas de productos**, se necesita un pedido del departamento correspondiente o del cliente que será confirmado una vez ejecutada la misma.

     Flujos de mercancías en el almacén

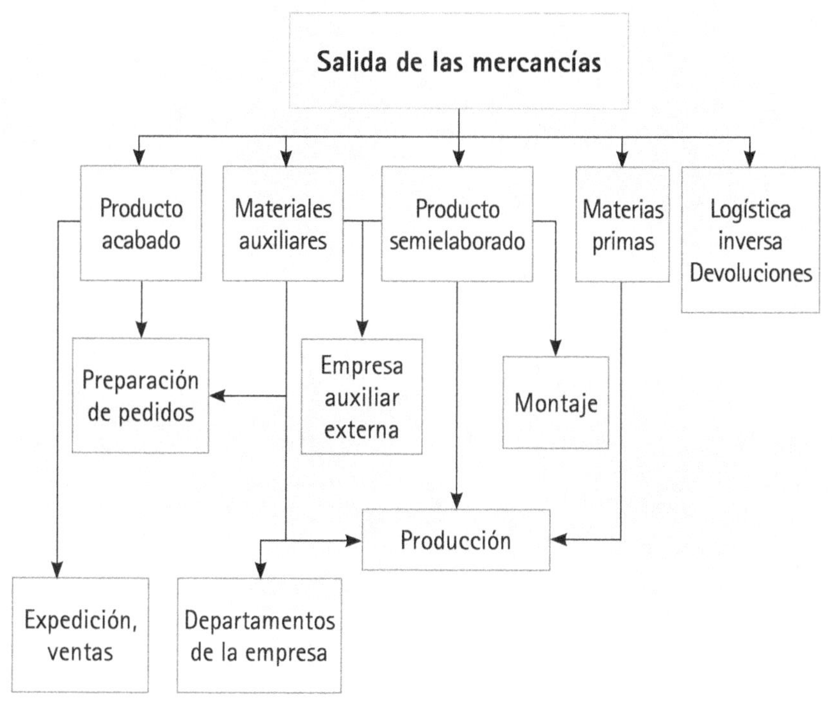
Salida de las mercancías
Producto acabado
Materiales auxiliares
Producto semielaborado
Materias primas
Logística inversa Devoluciones
Preparación de pedidos
Empresa auxiliar externa
Montaje
Producción
Expedición, ventas
Departamentos de la empresa

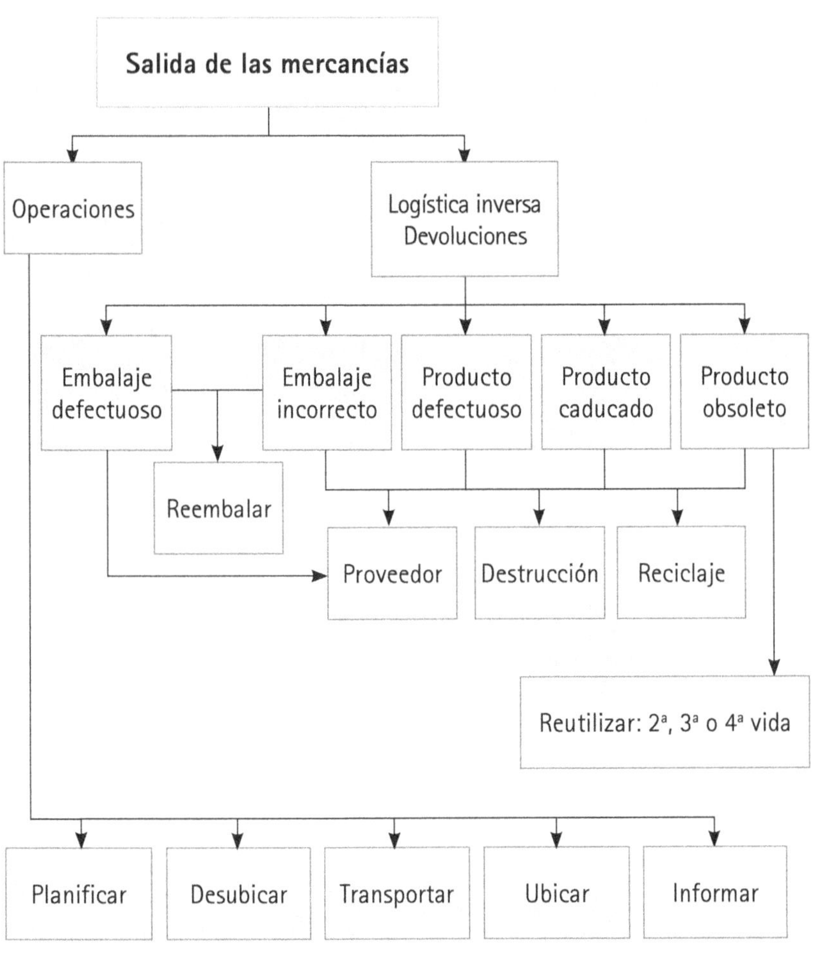

Salida de las mercancías
Operaciones
Logística inversa
Devoluciones
Embalaje defectuoso
Embalaje incorrecto
Producto defectuoso
Producto caducado
Producto obsoleto
Reembalar
Proveedor
Destrucción
Reciclaje
Reutilizar: 2ª, 3ª o 4ª vida
Planificar
Desubicar
Transportar
Ubicar
Informar

Capítulo 11
Logística inversa

La logística inversa es el conjunto de actividades de recogida, desmontaje y procesado de productos usados, partes sobrantes de productos o materiales con vistas a aprovechar al máximo su valor y su uso sostenible.

Implica la planificación, la implantación y el control de costos, y el transporte y el almacenaje de materiales, así como de la información relacionada, desde el punto de venta o consumo al de origen con el fin de recuperar valor o asegurar su correcta eliminación. La gestión de este conjunto de actividades conlleva unos costos que repercuten en toda la cadena de suministro.

Las operaciones de logística inversa se relacionan sobre todo con la gestión de las devoluciones de los clientes y con la necesidad de contribuir al respeto por el medio ambiente y al desarrollo de una economía sostenible.

Ambos aspectos conllevan, entre otras operaciones, la recuperación de los envases y los embalajes, la gestión de los residuos generados en la empresa o por el desembalaje del producto por parte del cliente, la gestión de los retornos y la reutilización de algunos productos para proporcionarles una segunda vida útil.

Para realizar estas operaciones es necesaria una gestión de entrada de productos diferenciada de la recepción habitual de otras mercancías en la empresa.

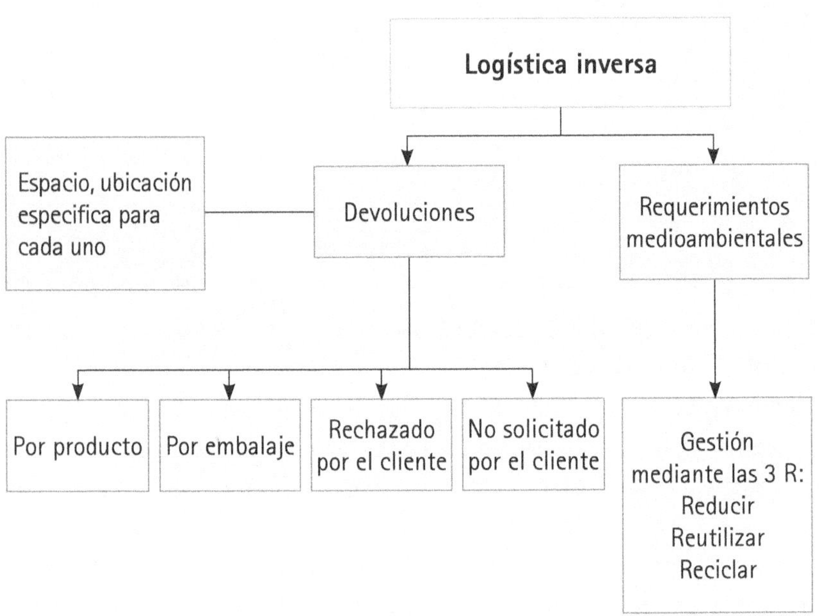

1 Las devoluciones

Se han de tratar como una entrada de producto a la empresa pero con un flujo especifico, pues hay que tener en cuenta algunas variables añadidas. Las devoluciones tienen su origen en el cliente, por lo que es conveniente conocer sus causas a través del departamento comercial. Esa información ayuda a gestionar posteriormente el producto retornado y a evitar futuras devoluciones. Conviene disponer de un canal propio de entrada para las devoluciones y no utilizar el mismo que para el resto de mercancías por los siguientes motivos:

- El producto no procede de un proveedor; se trata de un flujo inverso.
- La cantidad devuelta puede ser diferente de la remitida.
- El embalaje puede estar en deteriorado.
- Puede haber mezcla de diferentes productos.
- Los productos pueden estar en mal estado o presentar deficiencias.
- Es posible que el cliente no desee el producto, pero que su destino final sea otro cliente.
- Las devoluciones generan costos para la empresa, tanto por sí mismas, como por la gestión y el control que requieren; en algunos casos, la solución que se aporta al cliente puede ser la reposición del producto.

Algunas empresas formalizan contratos con los clientes y los proveedores para gestionar las devoluciones, evitarlas o minimizarlas. Un ejemplo de ello son los contratos de calidad concertada, que también buscan minimizar los costos de devolución. Hay que tener en cuenta que todas las devoluciones implican costos económicos, de tiempo, de servicio y de calidad para la empresa proveedora, pero también para el cliente.

Los motivos que pueden llevar a un cliente a hacer una devolución pueden ser diversos, pero generalmente se pueden englobar en alguno de estos apartados:

- **Productos con fecha de caducidad o de consumo preferente**
  Se ha de prever la gestión del flujo y reservar espacio para este tipo de devoluciones. Su destino puede ser la destrucción, pero también reutilizarse como materia prima en la elaboración de otros productos. La caducidad de los productos está regida por normativas legales y se aplica a sectores como el alimentario, el químico o el farmacéutico. Un caso especial lo constituyen los productos farmacéuticos caducados. Aunque su destino más habitual es la

destrucción, también son reutilizados por organizaciones dedicadas a recoger y gestionar la logística inversa de dichos productos; por ejemplo, los sistemas integrados de gestión y recogida de envases puesto en marcha por la industria farmacéutica. La gestión de este tipo de mercancía ha de quedar documentada de manera que se pueda seguir con precisión su trazabilidad. El espacio de almacenamiento ha de estar identificado de forma clara e inequívoca, separado del resto de los productos, para evitar la posible contaminación de las existencias.

- **Productos obsoletos**

  La mayoría de los productos pueden quedar obsoletos, por lo que han de preverse controles y espacios para ellos, tanto en el caso de que sean devueltos por el cliente como de que se encuentren en un almacén propio. Su destino puede ser la eliminación (con la pertinente gestión de residuos), el reciclaje o desmontaje para la reutilización de partes o componentes, la venta en un segundo o tercer canal, en tiendas *outlet*, o incluso el retorno a la empresa proveedora.

- **Productos en mal estado**

  La gestión de este tipo de productos es similar a la de los obsoletos, si bien puede convenir repararlos para reintroducirlos en el mercado o reutilizar sus componentes.

- **Productos con embalaje incorrecto o defectuoso**

  Es necesario disponer de un espacio acondicionado para los productos con embalaje incorrecto o defectuoso, siempre que sea viable reembalarlos eliminando el anterior embalaje. En algunos sectores, como el farmacéutico o el alimentario, un embalaje inadecuado puede ser una amenaza para la seguridad y la salud pública, por lo que los controles han de ser exhaustivos.

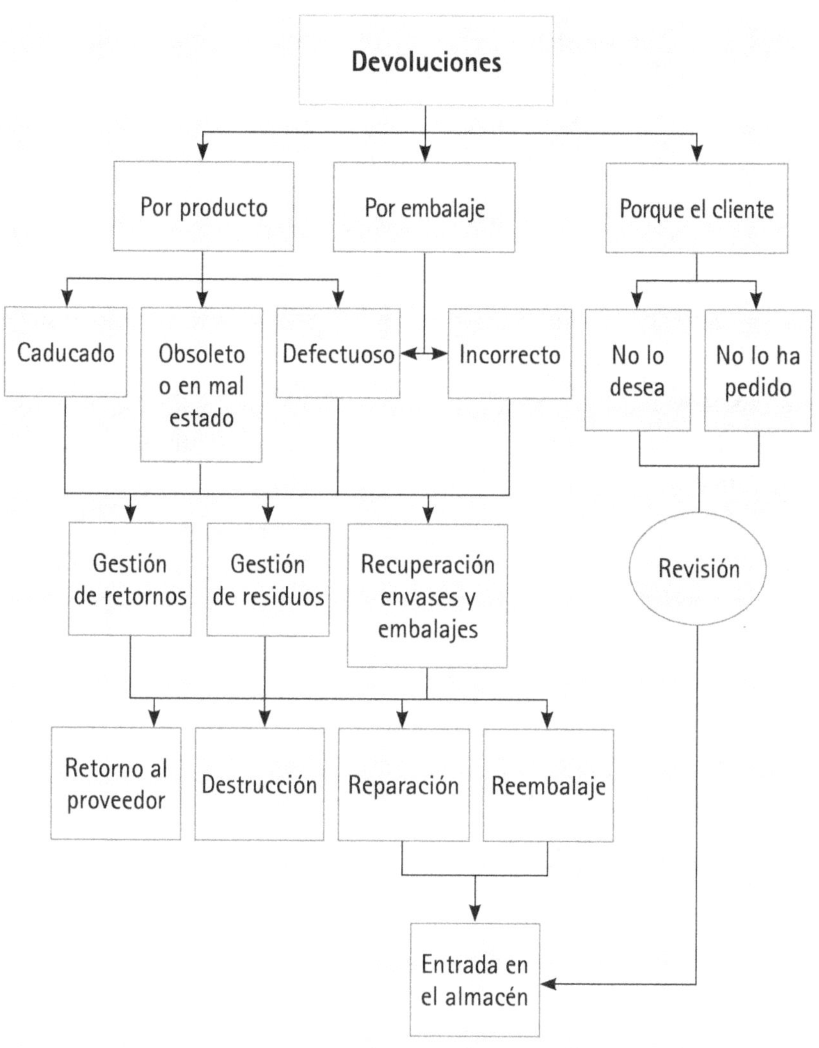

Devoluciones
Por producto
Por embalaje
Porque el cliente
Caducado
Obsoleto o en mal estado
Defectuoso
Incorrecto
No lo desea
No lo ha pedido
Gestión de retornos
Gestión de residuos
Recuperación envases y embalajes
Revisión
Retorno al proveedor
Destrucción
Reparación
Reembalaje
Entrada en el almacén

- **Productos rechazados por el cliente**

  En estos casos, normalmente, el producto y su embalaje se encuentran en buen estado y solo se requerirá verificar esto para que se puedan reincorporar al sistema y al almacén. La devolución se gestionará siguiendo los procedimientos previstos para su entrada, considerando la posibilidad de realizar un retorno del producto a la empresa proveedora.

- **Productos no solicitados por el cliente**

  Cuando la devolución se realiza por este motivo, es que se ha producido un error en la gestión del pedido o su entrega. Al igual que en el caso anterior, normalmente el producto y su embalaje se encuentran en buen estado, e igualmente cabe la posibilidad retornarlo a la empresa proveedora, dependiendo de la circunstancia.

Es necesario disponer en el almacén de espacios delimitados, separados del resto de las mercancías e identificados en función del tipo de devolución, para evitar que se pueda incurrir en errores derivados de su utilización. Se han de tratar las devoluciones, sobre todo en las pequeñas y medianas empresas, con la máxima transparencia, favorecer que la información sobre ellas sea accesible para el conjunto de la organización y facilitar la posibilidad de encontrar soluciones para minimizarlas.

2 Requerimientos medioambientales

La necesidad de preservar los ecosistemas naturales ha llevado a implementar medidas correctoras de los modelos de producción, especialmente de aquellos que consumen más recursos naturales o generan más elementos contaminantes. Las políticas colaborativas en la gestión

Figura 11.1. Las empresas fabricantes están obligadas por las normativas medioambientales a la recogida de los productos obsoletos, que deben ser almacenados hasta su reciclado, reutilización o eliminación.

de las cadenas de suministro tienen efectos muy positivos en aspectos como la recuperación de envases y embalajes o la gestión de residuos, entre otros.

- **Recuperación de envases y embalajes**

  Los envases y los embalajes se recuperan para reutilizarlos directamente en la cadena de suministro o para su reciclaje.

  - Algunos envases y embalajes, como las botellas de vidrio o las cajas de plástico, se reutilizan directamente tras simples operaciones (por ejemplo, de limpieza y desinfección) o se reintroducen en el circuito de distribución sin ninguna operación adicional, como los palés, que solo ocasionalmente y por su utilización continuada (reutilización) pueden necesitar ser reparados o restaurados.

Figura 11.2. Residuos metálicos triturados y embalados en una planta de reciclaje.

– El reciclaje de envases y embalajes conlleva normalmente operaciones más complejas para crear nuevos embalajes, por ejemplo, las cajas de cartón que, una vez utilizadas, se reciclan para crear nuevo cartón.

De este modo, reutilizando y reciclando, se reducen drásticamente los residuos producidos en la cadena de suministro.

- **Gestión de retornos**

La recuperación de los envases y los embalajes, junto a las devoluciones de productos, obligan a planificar la gestión de los retornos de estos elementos, que conlleva la recogida, el transporte, la recepción y su correspondiente ubicación en los espacios designados a tal efecto, propios o subcontratados. En algunos casos, también implica su clasificación y transporte final.

FLUJOS DE MERCANCÍAS EN EL ALMACÉN

- **Gestión de residuos**

  Las operaciones relacionadas con la gestión de los residuos han tener en cuenta los siguientes aspectos:

  - Si se trata de envases o embalajes, la tipología de producto que han contenido: alimentario, farmacéutico, químico, etc.
  - La operación final a realizar: destruir, reciclar, reutilizar, reparar, etc.
  - Cómo realizar estas operaciones de manera que no resulten perjudiciales para las personas y el medioambiente, por ejemplo, mediante organizaciones especializadas en el tratamiento de residuos, externas a la empresa.

Figura 11.3. Proceso de separación de envases plásticos PET, utilizados en envases de bebidas, para su reciclado en materia prima que puede reintroducirse en un proceso de producción.

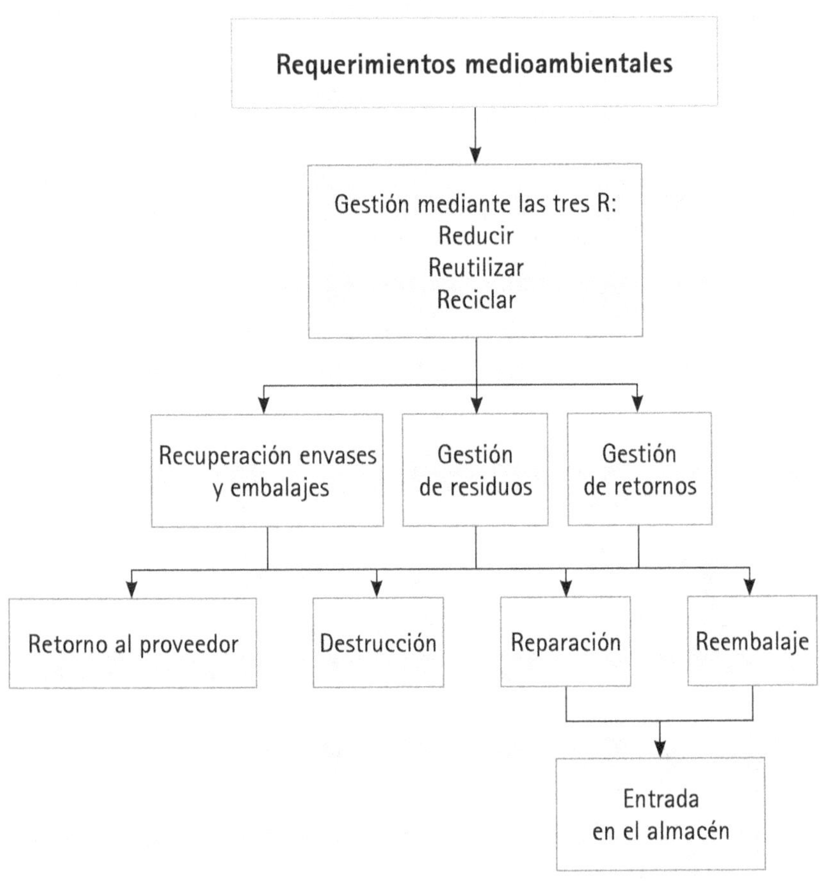

Requerimientos medioambientales
Gestión mediante las tres R:
Reducir
Reutilizar
Reciclar
Recuperación envases y embalajes
Gestión de residuos
Gestión de retornos
Retorno al proveedor
Destrucción
Reparación
Reembalaje
Entrada en el almacén

Figura 11.4. La regla de las tres R: reducir, reutilizar, reciclar.

El medioambiente y su conservación incumben al conjunto de la sociedad, pero especialmente a las empresas fabricantes y distribuidoras, responsables del diseño de sus productos y de sus cadenas de distribución. Una de las sistemáticas de gestión medioambiental en las empresas es la regla de las tres R: reducir, reutilizar, reciclar (véase la figura 11.4).

Glosario

ADR

Siglas de *articles dangereux de route* o transporte de artículos peligrosos, relativas al Convenio internacional sobre el transporte de mercancías peligrosas por carretera.

agrupar

Unir productos o mercancías para formar un grupo o bloque, siguiendo un criterio determinado.

almacén

Espacio físico en el que se albergan y custodian los materiales y los productos, bien sean materias primas, productos semielaborados o terminados y preparados para su distribución, y que permite su clasificación, manipulación y control.

almacén caótico

Almacén donde se lleva a cabo la ubicación de las mercancías mediante el método hueco libre.

almacén ordenado

Almacén en el cual hay asignado un lugar único, fijo y predeterminado para cada una de las mercancías.

cadena de suministro

Conjunto de actividades de una organización destinadas a satisfacer la demanda de productos y servicios, desde los requerimientos iniciales de materias primas e información hasta la entrega al usuario final y la recuperación de los residuos que hayan podido generarse en el proceso.

producto caducado

Producto estropeado o que deja de ser apto para el consumo, especialmente en los sectores de alimentación, farmacéuticos y químicos.

calidad concertada

Sistema de aseguramiento de la calidad que se establece de común acuerdo entre la empresa cliente y sus proveedoras, con el objetivo de favorecer sinergias y mejorar los procesos de la calidad.

carta de porte

Documento mediante el que se formaliza el contrato de transporte de mercancías por carretera entre el expedidor y la empresa transportista. En el transporte de mercancías internacional por carretera se emplea la carta de porte CMR, mientras en el transporte ferroviario se utiliza la carta de porte CIM.

cliente

Persona física u organización a quien la empresa fabricante, la distribuidora o el establecimiento comercial venden sus productos o servicios.

código de barras

Método de codificación de datos en el que estos se representan mediante una secuencia de barras y espacios verticales que pueden ser leídos por lectores ópticos.

contenedor

Equipo de transporte de carácter permanente y capacidad interior no menor a un metro cúbico, capaz de asegurar un uso repetido, sin ruptura de la carga en caso de trasbordo a diferentes modos o vehículos de transporte.

actividad principal *(core business)*

Aquella actividad capaz de generar valor y que resulta necesaria para establecer una ventaja competitiva beneficiosa para una organización. Es una competencia clave.

CSC

Siglas de *Convention for Safe Containers* o Convenio internacional sobre la seguridad de los contenedores.

cuello de botella

Cualquier punto de un proce-so industrial que dificulte la rapidez o fluidez en la circulación de un producto, o en la logística de un sistema.

demanda

Pedido, petición, solicitud. Cantidad de mercancías o productos que requiere el mercado o que se requieren a un proveedor en un periodo de tiempo determinado.

desagrupar

Separar la unidad de carga consolidada.

descarga

Acción y efecto de descargar, bajar una mercancía de un medio de transporte.

desubicación

Sacar el producto o la mercancía del lugar donde está almacenado.

devolución

Retorno de un envío o material desde el cliente al proveedor.

estacionalidad

Propiedad de una serie cronológica que toma unos valores distintos de su valor medio anual durante unos determinados periodos, en anualidades sucesivas.

estantería

Elemento modular articulado para el almacenaje de productos formado por una estructura metálica sustentada por pilares y estantes riostrados. Con ello se construye una retícula tridimensional que permite colocar unidades de carga en sus celdas.

existencia o *stock*

Cantidad disponible de un determinado producto (ítem), almacenado y listo para ser vendido, distribuido o utilizado.

flujo

Manera de representar de forma ordenada y secuencial las diferentes tareas y operaciones de un proceso en la organización.

góndola

Plataforma con altura reducida y un centro de gravedad bajo, adecuada para el transporte terrestre de maquinaria pesada y embarcaciones.

granel

Mercancía sin envase o embalaje, generalmente referido a minerales, semillas, abonos, líquidos, etc.

horeca

Acrónimo de hoteles, restaurantes y cafeterías; también incluye las empresas de servicio de comida preparada.

JIT

Siglas de *just in time* o justo a tiempo. Filosofía de fabricación enmarcada en el concepto de calidad total y que a nivel logístico se fundamenta en la frecuencia y regularidad de las entregas del proveedor para reducir las existencias en la cadena de suministro.

layout

Diseño, plan, esquema y disposición de las piezas o elementos que se encuentran dentro de un espacio.

ley de Pareto

Su principio es básico y afecta a todo tipo de actividad. A nivel general el ochenta por ciento de los efectos son consecuencia del veinte por ciento de las causas. También se conoce como ley 80/20.

logística inversa

Conjunto de actividades logísticas de recogida, selección, desmontaje y procesado de productos usados, incluyendo envases y embalajes, partes de productos o materiales, con vistas a maximizar el aprovechamiento de su valor y su uso sostenible.

manutención

Operaciones de movimiento físico y almacenaje de mercancías que se llevan a cabo mediante medios manuales o mecánicos.

materias primas

Elementos básicos transformables sobre los cuales se realizan los procesos productivos hasta conseguir un producto terminado o semielaborado.

obsoleto

Producto cuyo valor se ha perdido o se ha visto menoscabado a causa de un cambio de modelo, estilo o desarrollo tecnológico.

operador logístico

Empresa u organización de ámbito nacional o internacional cuya oferta de servicios puede abarcar las operaciones de transporte en cualquier medio, el almacenamiento y la manutención, los servicios auxiliares del transporte, el tránsito, los trámites aduanales, las funciones de distribución física, el fraccionamiento de las cargas, el grupaje, la gestión de existencias, la preparación de pedidos, el embalaje y el etiquetaje, la organización de los sistemas de información y la gestión de flujos de mercancías, además de operaciones de carácter comercial como la facturación, el fletamento y otros servicios de ingeniería logística.

outlet

Establecimiento comercial especializado en la venta de productos de temporadas anteriores, normalmente con un precio inferior al habitual.

extracción de mercancías *(picking)*

Fase de la preparación de pedidos consistente en la extracción de los materiales o mercancías desde el lugar de almacenaje en las cantidades solicitadas por el cliente.

plataforma

Vehículo o remolque construido como una superficie plana, sin protecciones laterales, en la que se depositan y fijan cargas pesadas, largas o especiales para su transporte.

playa

Área delimitada que se dedica a dejar la mercancía recién descargada o que está preparada para su carga.

productividad

Relación entre la cantidad de productos obtenida por un sistema productivo o proceso y los recursos utilizados para obtener o realizar el producto o proceso.

proveedor

Persona física u organización que suministra una materia, producto o servicio.

recepción

Tramitación administrativa a que da lugar la aceptación de la entrada de una mercancía.

recogida o retirada de pedidos

Tarea que en algunas empresas realiza el mismo comercial y en otras el repartidor al entregar el pedido anterior. En ambos casos se ha de evitar que la tarea de retirar pedidos se desempeñe en perjuicio de la función principal, ya sea comercial o de repartidor, haciendo que el costo se dispare y sea superior a otras sistemáticas de recepción de pedidos. En algunas empresas puede dedicarse una persona exclusivamente a esta función, pero se ha de ser consciente del valor añadido que dicho servicio pueda representar y percibir el cliente, ya que el costo del mismo es elevado.

SGA

Siglas de «sistema de gestión de almacenes», también conocido por

WMS, de *warehouse management system.*

sistema ABC

Modelo de gestión basado en la ley de Pareto que clasifica en orden decreciente, A, B o C, una serie de artículos, siguiendo algún criterio de clasificación.

TOC

Siglas de *teory of constraints* o teoría de las restricciones. Filosofía de gestión encaminada a localizar los problemas significativos de una organización, diseñar soluciones efectivas y trazar planes operativos para su implantación.

tráiler

Conjunto articulado formado por una cabeza tractora y un semirremolque.

trazabilidad

Conjunto de aquellos procedimientos preestablecidos y autosuficientes que permiten conocer la historia, la ubicación y la trayectoria de un producto o lote de productos a lo largo de la cadena de suministros en un momento dado, a través de unas herramientas determinadas.

ubicación

Acción y efecto de situar o instalar un bulto o unidad de carga en determinado espacio o lugar de un almacén, mediante asignación.

vehículo bañera

Vehículo basculante construido con su caja de forma parecida a una bañera, que se utiliza en el transporte de piedras, tierra y áridos en general.

vehículo cisterna

Vehículo habilitado con un depósito unido al chasis para el transporte a granel de líquidos o gases licuados.

Vehículo volquete

Vehículo provisto de un recipiente para transportar áridos u otros materiales, con un dispositivo mecánico para volcarlo.

volumetría

Proceso que permite medir y determinar volúmenes. El volumen es la magnitud que utiliza el alto, el largo y el ancho de los productos o sus envases y embalajes.

Agradecimientos

A mi hijo Dídac por ser presente y futuro, apoyo y empuje en tiempos convulsos.

A mi pareja Rosmari, por creer, apoyar, ayudar, empujar, valorar y amar.

A mi familia y amigos por estar allí y apoyar en todo y más.

A mi padre, Antonio, que siempre estará en mi corazón y mis pensamientos.

A Jaime Mira y todas las personas de Marge Books que han hecho posible este proyecto.

Colección: Biblioteca de logística
Director: David Soler

Flujos de mercancías en el almacén.
Procesos internos y de entrada y salida
1.ª edición, 2018
© Sergi Flamarique
© de esta edición, incluido el diseño de la
 cubierta, ICG Marge, SL
© fotografía de la cubierta: Shutterstock, Lerbank
Glosario: David Soler

Edita: Marge Books
València, 558 – 08026 Barcelona
Tel. 931 429 486 - marge@margebooks.com
www.margebooks.com

Gestión editorial: Hèctor Soler
Edición: José M.ª Collazos
Compaginación: Mercedes Lara
Impresión: Safekat, SL (Madrid)

ISBN edición impresa: 978-84-17313-55-5
ISBN edición digital: 978-84-17313-58-6
Depósito Legal: B 6174-2018

Las ilustraciones de esta obra forman parte
del archivo del autor y:

Archivo Marge Books, 2.3
Crow, 8.2
Presidencia de la República Mexicana, 11.3
Sato, 6.4
Shutterstock, portada, 7.2
TCB, 6.2
Víctor Santa María, 11.1
Wikimedia Commons/blahedo, 11.2
Wikimedia Commons/Thomas Philipp, 9.2

Reservados todos los derechos. Ninguna parte de esta edición, incluido el diseño de la cubierta, puede ser reproducida, almacenada, transmitida, distribuida, utilizada, comunicada públicamente o transformada mediante ningún medio o sistema, bien sea eléctrico, químico, mecánico, óptico, de grabación o electrográfico, sin la previa autorización escrita del editor, salvo excepción prevista por la ley. Diríjase a Cedro (Centro Español de Derechos Reprográficos, www.conlicencia.com) si necesita fotocopiar, escanear o hacer copias digitales de algún fragmento de esta obra.

 El papel empleado en este libro no ha sido blanqueado con cloro elemental (Cl_2).

Manual de estrategia de operaciones
Ángel Caja Corral

Técnicas logísticas para innovar planificar y gestionar. Aurum 1
Luis Carlos Hernández Barrueco

Logística urbana. Manual para operadores logísticos y administraciones públicas
Ignasi Ragàs

Almacenes y centros de distribución Manual para optimizar procesos y operaciones
Diego Luis Saldarriaga Restrepo

Técnicas para ahorrar costos logísticos. Aurum 2
Luis Carlos Hernández Barrueco

Centros logísticos
Ignasi Ragàs

Cadena de suministro 4.0. Beneficios y retos de las tecnologías disruptivas
Alberto Tundidor

Manual de prevención de riesgos laborales
Blas Gómez

Soluciones logísticas
Francisco Álvarez Ochoa

Manual de gestión de almacenes
Sergi Flamarique

Normativa de estiba en carretera. Claves, soluciones y modelos para estibar y trincar cargas
Eva María Hernández Ramos

Manual del transporte en contenedor
Jaime Rodrigo de Larrucea

Lean Energy 4.0. Guía de Implementación
Luis Socconini, Juan Pablo Martín

Manual del transporte de mercancías
Jaime Mira, David Soler

Estiba y trincaje de las mercancías en contenedor
Francisco Fernández Sasiaín

Manual del comercio electrónico
Eva María Hernández Ramos, Luis Carlos Hernández Barrueco

Transporte marítimo de mercancías. Los elementos clave, los contratos y los seguros
Rosa Romero, Alfons Esteve

Manual de gestión aduanera. Normativas y procedimientos clave del comercio internacional
Pedro Coll

MARGE BOOKS

València, 558 – 08026 Barcelona – Tel. +34-931 429 486 – marge@margebooks.com – www.margebooks.com

www.ingramcontent.com/pod-product-compliance
Lightning Source LLC
LaVergne TN
LVHW010641200726
843507LV00011B/1745